송영을 위한 독서

그리스도인들은 그 책의 사람들, 바로 성경의 사람들입니다. 성경에만 권위를 두고, 성경대로 살며, 성경에 자신을 계시하신 삼위 하나님만을 예배하고 사랑합니다. 이에 **그 책의 사람들**은 하나님께만 영광 돌리고, 하나님의 나라와 교회의 번영과 행복을 위해 성경에 충실한 도서들만을 독자들에게 전하겠습니다.

송영을 위한 독서

한재술 지음

차 례

"그런 책들 말고 성경을 직접 읽는 게 어때요? 성경말이에요."

종종 들어 왔던 말입니다. 하나님을 알고 싶은 욕구는 성경은 물론이거니와 기존 경건도서와 신학도서까지 마구 섭취하고픈 갈망을 느끼게 했습니다. 하지만 종종 들었던 위와 같은 말 때문에 가끔씩 "내가 성경에 집중하지 못하는 것인가?"라는 일종의 죄책감마저 들었습니다. 감사하게도 지은이와 함께 했던 독서 모임을 통해 그런 우려는 기우였음을 알게 되었습니다. 하나님의 역사는 가정이 없지만 그때 〈대답은 있다〉 독서 모임이 없었다면 제가 어떻게 살고 있을지 아찔할 지경입니다.

은혜로우신 아버지께서 주신 지성을 통해 경건한 선배들의 저작과 여타 건전한 도서들을 읽는다는 것은 '한 권의 그 책 The Book, Bible을 위한 독서'였기 때문입니다. 다른 책들을 통해 알게 되는 하나님에 대한 풍성한 지식은 성경을 중심으로 거미줄과 같이 서로 연결되어 독자의 머리와 가슴을 감싸게 됩니다. 이를 통해 죄로 말미암은 무지함의 뿌연 안개는 사라지고 그동안 보지 못했던 엄위하시고 웅장하시며 가장 높으시고 영화로우신 하나님의 봉우리를 조금이나마 보게 되는 귀한 기회를 얻습니다.

학교에서 고등학생들과 함께 '경건도서'라는 교과를 진행했을 때, 학생들의 반응은 참 다양하지만 가장 중심적인 반응은 "독서가 이런 것이었구나" 하는 작지만 소중한 깨달음입니다. 하나님을 알아 가는 만큼 성경을 사랑하게 되며 성경을 사랑하는 만큼 자신을 돌아보게 됩니다. 그래서 함께 독서를 했던 한 학생의 다음과 같은 고백은 무겁지만 행복한 고백입니다.

"선생님, 하나님이 이런 분이라면 제가 지금처럼 살면 안 되는 거 같아요."

그렇기 때문에 그 책을 위한, 경건을 위한, 송영을 위한 독서에는 남녀노소가 구분되지 않습니다. 머리가 좋고 나쁜 것이 구분되지 않습니다. 하나님을 예배하는 것이 목적이기 때문입니다.

이 책은 지은이의 솔직한 고백이자 그 책을 위한 독서로의 동참을 호소하는 글입니다. 우리가 잊고 있었던, 하지만 경건한 선배들은 잊지 않았던, 주께서 역사를 통해 우리에게 남겨주신 귀한 도구인 독서. 먹고 마시는 일을 주의 영광을 위해 하듯, 이 책을 통해 독서 또한 하나님의 영광, 그 송영을 위한 독서가 조국 교회 구석구석에서 일어나길 잠시라도 기도합니다.

은혜의동산 기독교학교 과학교사

김병재

그리스도인은 무엇을 위해 신앙서적을 읽을까요?

"독서는 신앙생활에 꼭 필요한 일인가?"

"얼마나 중요한 일인가?"

"많은 사람이 읽고, 많은 사람이 좋다고 하는 책은 나에게도 좋은가?"

"얼마나 많은 책을 읽어야 할까(무엇인가를 안다고 말할 수 있을까)?"

"하나의 주제에 대해 서로 다른 주장을 하고 있는 책들을 만나면 어떻게 해야 할까?"

"책을 읽으면 신앙이 자라는가?"

"성경 읽을 시간도 부족한데 신앙서적을 읽어야 할까?"

이처럼 우리는 신앙서적에 관한 질문을 많이 합니다. 그리스도인들은 책에 관심이 많으며, 또 실제로 책을 읽습니다. 무엇을 읽어야 할지, 어떻게 읽어야 할지 자주 고민합니다. 잘 읽지 않는 사람들도 책을 읽어야 하는 것에 대한 부담이 있습니다. 그리스도인에게 신앙서적이란 무엇일까요?

신앙서적은 교회를 섬겨 왔습니다

교회사를 살펴보면 성경에 충실하고 좋은 신앙서적들이 널리 읽힐 때 교회가 건강했습니다. 교회가 건강할 때 좋은 신앙서적들이 널리 읽혔다고 말할 수도 있습니다. 이런 역사를 통해 우리는 좋은 신앙서적들이 널리 읽혔다는 것의 의미가 강단에서 선포되는 설교들이 복음적이었으며, 성도들이 하나님의 말씀을 사랑하고 즐거워했다는 사실을 보여 준다는 것임을 알 수 있습니다.

또 교회가 박해를 받을 때 건강한 신앙서적들이 많이 출간됐고, 진실한 신자들은 신앙서적을 통해 많은 위로를 받고, 여러 유익을 누렸습니다.

종교개혁은 인쇄술의 발달과 책 때문에 가능했다고도 말

할 수 있습니다. 그리고 우리 모두 잘 알다시피 종교개혁과 직후의 시기는 신앙과 신앙서적의 황금기입니다. 많은 탁월한 작품이 이 시기에 출판되어 교회를 더욱 굳게 세웠습니다. 그래서 신앙의 많은 위대한 모습들(신앙고백과 교리문답, 교회 정치, 그리스도인의 삶에 대한 역사상 가장 치열하고 성경에 가까웠던 실례들)이 가장 빛나기도 했습니다.

종교개혁을 비롯해 건강한 부흥의 시대 때 성도들이 말씀(설교를 듣고 성경공부 모임을 자발적으로 갖고)과 기도와 함께 가장 많이 열심을 낸 일이 바로 신앙서적 읽기였습니다. 이것은 우리가 하나님을 사랑하게 될수록, 하나님을 알수록 더욱 하나님을 알기 위해, 더욱 하나님을 사랑하기 위해 열심을 내어 책을 읽는다는 것을 보여 줍니다.

이후에도 신앙서적은 기독교와 늘 함께했습니다. 교회와 성도 개개인에게 하나님을 증거하고, 성경을 보여 줬습니다. 성경을 더 자세하고 정확하게 이해할 수 있게 도왔습니다. 하나님께서는 개인이나 지역교회의 지식과 경험을 넘어서서 교회들이 함께 연합하고, 또 신앙의 문제에 대해 모든 사람이 보편적인 개념, 성경의 원리와 가치를 붙들고 그 아래서 적용하는 데 신앙서적을 사용하셨습니다.

이렇게 신앙서적은 하나님의 나라와 교회를 섬기는 데 중요한 역할을 해왔으며, 지금도 그 일을 위해 수많은 책이 계속해서 출판되고 있습니다.

많은 책이 있고, 우리는 선택하여 읽습니다

그렇게 수많은 책이 출판되어 왔습니다. 이렇게나 많은 책이 출판되고, 계속해서 출판된다는 것에는 여러 의미가 있습니다. 그중 하나는 바로 독자가 다양하다는 점입니다. 누구에게나 적절하고, 모든 사람이 반드시 읽어야 하고, 깊이 공부해야 하는 책이 있을까요? 기독교 전체 역사상 몇 권 되지 않을 것입니다. 특정 시대, 특정 지역, 특정 상황에서 그렇게 사용된 책들은 꽤 되겠지만, 그런 책들이 오늘날 우리에게도 동일한 가치와 의미가 있다고 말하기는 쉽지 않을 것입니다.

같은 시대, 같은 지역 안에서도 독자마다 상황과 처지가 다 다릅니다. 한 교회만 살펴보더라도 얼마나 다양한 사람이 모이는지 모릅니다. 다양한 신앙서적은 다양한 독자의 다양한 필요를 채워 왔습니다.

그런데 다양한 모든 책이 꼭 좋은 것은 아닙니다. 내용상 아무 문제가 없지만 좋은 음식이라도 사람마다 체질이 달라 어떤 사람에게는 좋은 음식이 어떤 사람에게는 그렇지 않은 것처럼 좋은 책이라도 어떤 사람에게는 잘 어울리고 더 많은 유익을 주기도 하지만 다른 사람에게는 그렇지 않은 경우도 있습니다.

진짜 문제는 내용에 문제가 있는 경우입니다. 분명히 교회의 표지가 있어 건강한 교회와 그렇지 않은 교회를 구별하고 건강한 교회에서 신앙생활 해야 하듯, 신앙서적도 성경에 충실한 책과 그렇지 않은 책을 구별하고 충실한 책들을 읽어야 합니다. 교회사는 성경에 충실하지 않은 책들이 널리 읽힐 때 얼마나 비극적인 일들이 일어났는지도 보여 줍니다.

그래서 우리는 여러 이유로 신앙서적을 분별하여 선택해서 읽습니다.

그리스도인은 무엇을 위해 신앙서적을 읽을까요

신앙서적이 교회를 섬겨 왔다는 말은 다른 말로 교회가, 성도들이 교회를 위해 책을 읽어 왔다는 말입니다. 그리스도인들은 자신의 영적 성장, 영적 유익을 위해서만 책을 읽어 오지 않았습니다. 혹 처음은 그렇게 시작했다 하더라도 결국 모든 그리스도인은 그리스도께서 자기 피를 주고 사신 교회를 위해 책을 읽었습니다. 하나님의 나라와 교회를 섬기기 위해, 사랑하기에 책을 읽었습니다. 우리의 이웃을 우리의 몸과 같이 사랑하기 위해, 이웃들을 잘 이해하고 돕기 위해 책을 읽었습니다.

그리스도인은 하나님을 사랑하는 만큼 책을 읽었고, 책을 읽는 만큼 하나님을 사랑했습니다. 그래서 그리스도인의 독서는 단순한 취미가 아니라 매우 아름다운 신앙생활이며, 진리 사랑입니다.

지금까지 나눈 모든 이야기는 그리스도인의 독서가 공부여야 하고, 무엇보다 송영頌榮이어야 하는 이유를 보여 줍니다.

송영을 위한 독서

이 책에서 우리는 "송영頌榮을 위한 독서"라는 이름으로 함께 이야기를 나눌 것입니다.

그리스도인의 모든 활동이 하나님을 예배하는 것이기에, 독서의 목적도 하나님을 예배하는 것입니다. 이것은 세상 모든 신앙서적의 궁극적인 목적입니다. 성경을 잘 요약하고 그 핵심을 보여 주는 웨스트민스터 소교리문답은 1문답에서 다음과 같이 말합니다. "사람의 최고 목적은 무엇입니까? 하나님을 영화롭게 하고 하나님을 영원토록 즐거워하는 것입니다." 따라서 사람이 하는 무슨 일이든 그 목적은 하나님을 예배하는 것이 되어야 합니다.

우리는 하나님을 높이기 위해, 찬양하기 위해 책을 읽습니다. 진리를 사랑하기 때문에 책을 읽고, 말씀을 더 깊이 이해하고 맛보기 위해 책을 읽습니다. 교회와 다른 신자들의 유익을 위해 읽고, 믿지 않는 사람들에게 전하기 위해 책을 읽습니다.

그래서 우리는 먼저 책을 잘 읽을 필요가 있습니다. 우리는 송영을 위한 독서에 적절한 독서방향과 방법 등도 같이 생각해 볼 것입니다. 책을 선택하여 읽는 것에 대해서도 나눌 것입니다. 이것은 그리스도인의 독서는 특정한 목적이 있고, 특정한 마음과 태도로 공부해야 한다는 말입니다. 그래서 이제부터 이런 그리스도인의 독서법에 대해 함께 나누려고 합니다. 그러고 나서 마지막에 다시 한 번 송영을 위한 독서의 의미를 되새기며 마무리하려고 합니다.

1
그리스도인은 왜 책을 읽어야 하는가

신앙서적을 읽는 이유는 성경을 읽는 이유와 같습니다

주께서 주의 말씀을 주의 모든 이름보다 높게 하셨음이라

(시 138:2).

그리스도인은 성경을 사랑합니다. 성경을 사랑하지 않는 사람은 그리스도인일 수 없습니다. 그리스도인이 성경을 사랑하여 읽는 이유는 성경이 주의 말씀이기 때문이고, 성경만이 하나님이 누구신지를 알려 주기 때문입니다. 우리가 누군가를 사랑하는데, 그를 알 수 있는 최고의 방법이 있다면 우리는 다른 어떤 방법보다 그 최고의 방법을 기뻐하고 사용할 것입니다. 다른 것과 비교한 최고의 방법이 아니라 실제로는

유일한 방법이 있다면 우리는 그 유일한 방법을 아주 크게 기뻐하고 높게 평가할 것입니다. 거기에 온 마음을 쏟을 것입니다.

한 나라의 왕이나 대통령 또는 아주 높은 지위에 있거나 많은 사람에게 크게 존경을 받는 사람이 우리에게 어떤 글을 써서 주었다고 생각해 봅시다. 우리는 내용의 중요성에 따라, 또 글을 써서 보내 준 사람의 크기에 따라 그 글의 가치를 생각할 것입니다. 내용을 가볍게 여기지 않을 것입니다. 우리의 삶과 관련해 중요한 내용이 있다면 해도 되고 안 해도 되는, 하면 좀더 좋은 정도로 생각하지 않을 것입니다.

하물며 하나님의 말씀은 어떠할까요! 사람의 글은 내용에 따라 어떤 것은 반드시 해야 할 것이 있고, 어떤 것은 안 해도 되지만 하면 더 좋고, 또 어떤 것은 해도 그만 안 해도 그만인 것이 있는 반면, 하나님의 말씀 전부는 우리가 마음과 뜻을 다해 알고 사랑하고 순종해야 하는 것입니다. 하나님의 모든 말씀은 우리에게 생명과 경건이 되기 때문입니다. 하나님께서는 "생명과 경건에 속한 모든 것을 우리에게 주"(벧후 1:3)셨는데, 이 모든 것이 오직 성경에만 기록되어 있기 때문에 우리는 성경을 읽고 공부해야 합니다.

하나님께서는 우리가 "먹든지 마시든지 무엇을 하든지 다 하나님의 영광을 위하여"(고전 10:31) 하기를 원하시고, "또 무엇을 하든지 말에나 일에나 다 주 예수의 이름으로 하고 그를 힘입어 하나님 아버지께 감사하"(골 3:17)기를 원하시는데, 이를 알려 주는 것도 오직 성경뿐입니다. 또한 성경은 "주를 기쁘시게 할 것이 무엇인가 시험하여 보라"(엡 5:10)며 우리를 강하게 도전합니다.

베드로전서 4장 11절 말씀도 다음과 같이 말합니다. "만일 누가 말하려면 하나님의 말씀을 하는 것같이 하고 누가 봉사하려면 하나님이 공급하시는 힘으로 하는 것같이 하라 이는 범사에 예수 그리스도로 말미암아 하나님이 영광을 받으시게 하려 함이니 그에게 영광과 권능이 세세에 있느니라 아멘." 우리는 범사에 예수 그리스도로 말미암아 하나님께서 영광을 받으시게 하기 위해 우리의 말이 하나님의 말씀을 하는 것같이 해야 하는데, 이를 위해 우리는 성경을 잘 알아야 할 뿐 아니라 성경을 사랑해야 합니다. 우리가 사랑하지도 않고 잘 알지도 못하는 것을 다른 사람에게 말할 수는 없기 때문입니다. 말하지도 않을 것입니다. 물론 말해서도 안 될 것입니다. 성경은 다음과 같이 경고합니다. "내가 너희에게 이르노니 사람이 무슨 무익한 말을 하든지 심판 날에 이에 대하여 심문을 받으리니"(마 12:36).

우리의 생각과 달리 "하나님의 어리석음이 사람보다 지혜롭고 하나님의 약하심이 사람보다 강"(고전 1:25)합니다. 우리 생각과 경험대로가 아니라 하나님의 말씀 그대로 사는 것이 중요한 이유가 여기에 있습니다. 로마서 11장 33절은 또 다음과 같이 말합니다. "깊도다 하나님의 지혜와 지식의 풍성함이여, 그의 판단은 헤아리지 못할 것이며 그의 길은 찾지 못할 것이로다."

"믿음을 따라 하지 아니하는 것은 다 죄"(롬 14:23)이며, "오직 주 예수 그리스도로 옷 입고 정욕을 위하여 육신의 일을 도모하지"(롬 13:14) 않아야 하기 때문에 우리는 성경을 읽어야 하고 잘 알아야 합니다. 오직 성경만이 이것을 알려 주기 때문입니다. 믿음을 따라 살기 위해, 죄가 무엇인지 알기 위해, 죄와 싸워 이기기 위해서는 성경이 필요합니다.

성경이 말하고 또 우리도 알듯이, 이 세상은 언제나 하나님을 대적하고 우리를 모든 죄악과 거짓과 더러움과 비참함에 빠뜨리려 합니다. 이 가운데서 "모든 이론을 무너뜨리며 하나님 아는 것을 대적하여 높아진 것을 다 무너뜨리고 모든 생

각을 사로잡아 그리스도에게 복종하게 하”(고후 10:4-5)는 것
은 성경뿐입니다. 하나님의 말씀뿐입니다.

성경은 “하나님께 열심이 있으나 올바른 지식을 따른 것이
아”(롬 10:2)닌 것을 경계하며, 하나님의 말씀을 아는 것과 사
랑하는 일에 부주의하고 게으른 사람들에게 다음과 같이 경
고합니다. “내 백성이 지식이 없으므로 망하는도다 네가 지
식을 버렸으니 나도 너를 버려 내 제사장이 되지 못하게 할
것이요 네가 네 하나님의 율법을 잊었으니 나도 네 자녀들을
잊어버리리라”(호 4:6).

하나님께서는 우리가 “하나님의 사람으로 온전하게” 되며,
“모든 선한 일을 행할 능력을 갖추게 하려”(딤후 3:17) 하시기
위해 말씀을 주셨습니다. 하나님께서 “능히 모든 은혜를 너
희에게(우리에게) 넘치게 하”신 것은 우리로 “모든 일에 항상 모
든 것이 넉넉하여 모든 착한 일을 넘치게 하”게 하시기 위함
입니다(고후 9:8). 디모데후서 2장 3-4절은 “너는 그리스도 예
수의 좋은 병사로 나와 함께 고난을 받으라 병사로 복무하는
자는 자기 생활에 얽매이는 자가 하나도 없나니 이는 병사로
모집한 자를 기쁘게 하려 함이라”고 말하며 하나님을 사랑하
고, 하나님의 말씀에 순종하고, 하나님을 예배하고, 하나님의

이름을 위해 사는 것이 그리스도인의 전부여야 한다고 주장합니다.

성경은 하나님의 말씀을 아는 것에 전심전력하라고 말합니다. '어느 정도만 알면 되는 것 아니냐'는 생각, '예수 믿고 구원받으면 됐지' 하는 생각은 그리스도인의 생각과 신앙의 태도가 아닙니다. "형제들아 지혜에는 아이가 되지 말고 악에는 어린아이가 되라 지혜에는 장성한 사람이 되라"(고전 14:20)는 말씀은 우리가 하나님을 아는 일에 계속해서 자라 가야 함을 보여 줍니다. "때가 오래므로 너희가 마땅히 선생이 될 터인데 너희가 다시 하나님의 말씀의 초보가 무엇인지 누구에게 가르침을 받아야 할 것이니 젖이나 먹고 단단한 식물을 못 먹을 자가 되었도다"(히 5:12)는 책망도 그리스도인에게 하나님의 말씀을 아는 것, 그리고 아는 것에서 자라 가는 것이 몇몇 사람의 열정이어서만은 안 된다는 것을 보여 줍니다. 모든 그리스도인은 계속해서 하나님의 말씀을 아는 것에서 분명하게 자라 가야 합니다.

성경은 하나님을 아는 일에, 하나님을 사랑하는 일에 더욱 열심을 내라고 합니다. 힘쓰라고 말합니다. 어느 정도냐면 하나님이 전부가 아니면 안 된다고 말합니다. "마음을 다하고 뜻을 다하고 힘을 다하여 네 하나님 여호와를 사랑하라"(신 6:5).

짧게 살펴보기만 했는데도 그리스도인이 성경을 잘 알아야(읽어야) 하고, 사랑해야(높이고 순종해야) 하는 이유가 아주 분명합니다. 그리고 지금까지 우리가 살펴본 내용들은 우리가 신앙서적을 읽어야 하는 이유도 됩니다. 하나님께서는 교회를 통해 하나님의 말씀이 선포되고 가르쳐지게 하셨습니다. 하나님의 교회는 말씀으로 세워지고, 말씀으로 자랍니다. 그런데 앞에서도 살펴봤듯이 이 일들에 책이 사용됐습니다.

하나님의 말씀도 기록되어 우리에게 주어졌습니다. 교회에서 선포되고 가르쳐진 하나님 말씀의 의미와 가치와 높이와 깊이는 기록되어 후세대에 계속해서 전해져 왔습니다.

그리스도인이 신앙서적을 읽어야 하는 실천적인 이유들도 있습니다

우리가 누군가를 돕고자 할 때 책은 큰 도움이 됩니다. 우리의 생각을 명쾌하게 정리하지 못할 때는 책을 통해 우리의 생각을 정리하여 도움의 말을 건넬 수 있습니다. 정확하게 표현하지 못할 때는 책을 그대로 인용하여 도움을 줄 수도 있습니다.

책은 그 특성상 권위가 있어서 우리가 책을 인용할 때 상대방을 한 번 더 깊이 생각하게 하기도 합니다. 상황상 상대방이 기분 나쁠 수 있을 때도 책은 감정을 좀더 자제하고 문제를 바라보게끔 도울 때가 많습니다. 대화에서든 글에서든 인용의 유익은 많습니다.

우리는 고통이나 어려움에 있는 사람들 중 많은 사람이 설교를 듣거나 책을 읽음으로써 회복되는 것을 봅니다. 평소에 설교와 책을 가까이 하는 사람이든 그렇지 않은 사람이든 상관없이 신앙서적은 어떤 문제에 대해 진지하게 고민을 시작하는 사람들에게, 또 특별히 어떤 문제 안에서 신음하며 도움을 요청하는 사람들에게 도움을 줍니다. 신앙서적이 무엇이 문제인지 알려 줄 뿐만 아니라 그 해결책이 무엇인지, 또 어떻게 해결해야 할지도 알려 주기 때문입니다.

내가 너희에게 이르노니 사람이 무슨 무익한 말을 하든지 심판 날에 이에 대하여 심문을 받으리니(마 12:36).

우리가 대화할 때 주로 하는 말들은 우리가 누구인지를 나타냅니다. 우리가 복음에 대해 말하기를 기뻐하고, 진리에 합당

하지 않은 것들을 기뻐하지 않고, 다른 사람을 높이고, 끊임
없이 배우는 것은 우리가 하나님을 사랑하고, 진리를 기뻐하
는 사람이기 때문에 그렇습니다. 하지만 우리가 무익한 이야
기를 주로 하면, 우리가 그만큼 무익한 것을 쌓았다는 말이
며, 무익한 것을 즐겼다는 뜻입니다.

성경은 "선한 사람은 마음에 쌓은 선에서 선을 내고 악한
자는 그 쌓은 악에서 악을 내나니 이는 마음에 가득한 것을
입으로 말함이니라"(눅 6:45)고 말합니다. 이 말씀은 신자와 불
신자를 대상으로 말한 것이기도 하지만, 성화의 관점에서 그
리스도인들에게 적용할 수도 있습니다. 우리는 우리 마음에
가득한 것을 입으로 말합니다. 하나님을 사랑하여 거룩함을
추구하는 사람들은 이전에 우리 마음속을 채우고 있던 모든
무익한 것을 내버리고, 하나님께서 기뻐하시는 모든 유익한
것으로 자신을 채우기 원합니다.

사람마다 정도의 차이는 있겠지만, 그리스도인이라면 이런
노력을 계속해서 해나갑니다. 그리고 이 일에 신앙서적이 큰
역할을 합니다. 하나님께서는 우리가 말씀을 읽고, 기도하고,
성숙한 동료 그리스도인들과 대화하고, 신앙서적을 보게 하
시면서 우리 영혼에 양식을 공급하십니다. 이 양식은 세상

의 음식과 달리 많이 먹을수록 좋아서 우리 영혼을 살찌웁니다. 어떤 면에서 우리 영혼도 컴퓨터나 시스템과 같아서 입력된 대로 출력이 됩니다. 신앙서적만을 생각할 때, 우리가 틈날 때마다 신앙서적을 읽고 생각할수록 우리 입에서 나오는 말들은 우리 마음과 생각을 가득 채운 바로 그것들이 될 것입니다.

우리가 세상 사람들이 얼마나 독서에 관심이 많고, 책을 열심히 읽고, 독서 토론을 하고, 멘토를 찾고, 배우려 하고, 그것을 위해 애정을, 돈과 시간을 쏟는지 안다면, 그리고 생각한다면 우리는 지금 이렇게 게으를 수 없습니다.

세상 사람들은 자기들의 일을 위해, 성공을 위해 얼마나 노력하는지요. 그런데 이 세상 가장 기쁜 소식을 들은 우리는, 그 소식을 듣고 하나님 나라 백성이 된 우리는, 세상과는 비교도 할 수 없는 값진 보물을 취한 우리는 왜 이렇게 게으르고 나태하고 무책임할까요?

그리스도인이 신앙서적을 즐거워할 수밖에 없는
이유들도 많습니다

사람은 자기가 좋아하는 일은 누가 시키지 않아도 열심히 배웁니다. 공부합니다. 아니, 그것을 공부라고 생각하지 않습니다. 잘 압니다.

좋아하는 운동이나 취미가 생기면 우리는 그것을 위해 시간을 많이 냅니다. 더 잘하기 위해 잘하는 사람들에게 묻기도 하고, 책을 사서 보기도 합니다. 조금이라도 더 빨리 잘하기 위해 효율을 생각합니다. 기술이나 용어를 익히는 데 막힘이 없습니다. 그리고 친한 사람과 그것을 같이 하고 싶어합니다. 또 우리가 좋아하는 운동을 하거나 취미를 가진 사람과 친해집니다. 이 모든 일은 다른 일들에 비해 쉽고, 재미있고, 신납니다. 자연스럽습니다. 중간에 어떤 어려움이 있어도 우리는 그것을 두려워하지 않고 여러 방법을 생각하고 노력하여 해결합니다.

우리가 좋아하는 운동이나 취미 분야에서 세계적인 선수나 그 분야의 탁월한 사람들을 보면서 나는 저렇게 될 수 없다고 말하며 아무것도 하지 않는 사람은 없습니다. 오히려 그들을 보면서, 그들을 목표로 열심을 냅니다. 우리가 할 수 있는 최선을 다하면서 계속해서, 조금씩이지만 점점 자라 갑니다.

이상에서 보듯이 이런 배움들은 우리의 지성이 탁월하다거나, 재능이 뛰어나서 하는 일이 아닙니다. 단지 좋아서입니다. 좋아하는 마음이 이 모든 일을 해냅니다. 모든 일이 그렇듯 관심입니다. 애정입니다. 그래서 무엇인가를 좋아하는데 자기가 부족하다고 느끼는 사람은 그래서 안 하는 게 아니라 더 잘하기 위해 노력합니다. 남들보다 더 노력합니다. 사랑할수록, 더욱 마음을 쏟으며 노력합니다.

독자 여러분은 제가 무슨 말씀을 드릴지 아실 것입니다.

죄인에게, 죽은 사람에게 하나님의 말씀은 이 세상에서 아무 쓸모없는 것일 뿐 아니라 가장 적대적인 것입니다. 죄인은 하나님의 말씀을 기뻐하지 않습니다. 아주 싫어합니다.

하지만 그리스도인에게는 완전히 반대입니다. 그리스도인은 하나님의 말씀만이 전부입니다. 가장, 그리고 유일하게 사랑하는 것이 하나님의 말씀이요, 진리입니다. 그리스도인은 하나님의 말씀을 즐거워합니다. 말씀을 아는 일은 가장 즐거운 일이고, 말씀에 순종하는 것은 가장 행복한 일입니다. 이 일은 다른 어떤 일과 비교할 수 없습니다. 그리스도인은 이 일을 위해 더 많은 시간을 냅니다. 말씀을 알고 순종하는 일을 더 잘하기 위해 성숙한 그리스도인들에게 묻기도 하고 책을 사서 보기도 합니다. 조금이라도 더 빨리 잘하기 위해 효율도 생각합니다. 성경의 여러 가르침과 신학용어, 성경을 이해하는 열쇠를 익히는 데 막힘이 없습니다. 그리고 가까운 사람과 이 모든 것을 같이 하고 싶어합니다.

(왜 우리는 운동과 취미에 대해 이야기할 때는 그렇게 공감하다가, 지금은 왜 이렇게 마음이 어렵고 어색하고 답답할까요……)

자, 계속해서 똑같이 말씀드려 보겠습니다.

이 모든 일은 다른 일들에 비해 쉽고, 재미있고, 신납니다. 자연스럽습니다. 중간에 어떤 어려움이 있어도 우리는 그것을 두려워하지 않고 여러 방법을 생각하고 노력하여 해결합니다.

우리는 우리 주위에서 볼 수 있는 존경하는 목회자와 성숙한 그리스도인들을 보면서, 또 교회사에서 믿음의 본을 보여 줬던 선조들을 생각하면서, 그들을 목표로 열심을 냅니다. 우리가 할 수 있는 최선을 다하면서 계속해서, 조금씩이지만 점점 자라 갑니다.

이런 배움들은 우리의 지성이 탁월하다거나, 재능이 뛰어나

서 하는 일이 아닙니다. 단지 좋아서입니다. 좋아하는 마음
이 이 모든 일을 해냅니다. 모든 일이 그렇듯 관심입니다. 애
정입니다. 그래서 좋아하는데 자기가 부족하다고 느끼는 사
람은 그래서 안 하는 게 아니라 더 잘하기 위해 노력합니다.
남들보다 더 노력합니다. 사랑할수록, 더욱 마음을 쏟으며 노
력합니다.

그리스도인이 신앙서적을 즐거워할 수밖에 없는 이유는 그가 그리스도인이기 때문입니다

정말 많은 이유가 있지만, 다시 처음으로 돌아가 보겠습니다.
　하나님께서는 우리를 구원하셨습니다. 전에는 가장 무가치
하고 적대하던 것들이 실제로는 얼마나 탁월하고 아름답고
가치 있는지를 보게 해주셨습니다. 그리고 하나님께서는 그
것을 알 뿐만 아니라 사랑하게 하셨습니다. 사실 이것은 분
리할 수도, 구분해서 생각할 수도 없습니다. 아는 것과 사랑
하는 것, 아는 것과 믿는 것은 언제나 같습니다. 동시에 일어
나며, 이것이 저것의 다른 모습입니다.
　하나님께서 우리에게 주신 성경은 진리의 책으로, 이 책은

하나님의 계시입니다. 책 자체는 유한하지만 하나님께서 무한하시기에 이 책에 담겨 있는 내용도 무한합니다. 그리고 하나님께서는 진리를 찾는 자들, 목마른 자들이 그들이 찾을수록 더 많은 것을 맛보고 누릴 수 있게 하십니다.

이런 모든 의미와 과정과 결과물 중 하나가 바로 신앙서적입니다. 우리가 우리 선조들에게 받은 가장 큰 유산이자, 우리가 다음 세대를 위해 전해 주어야 할 보물이 바로 신앙서적입니다.

지금까지 말씀드린 모든 것이 우리가 신앙서적을 읽(어야 하)는 이유입니다.

이제 우리는 그렇다면 어떤 책을 어떻게 읽어야 할 것인가에 대해 얘기할 것입니다.

2
무엇을 어떻게 읽을 것인가

어떻게 읽을까요

 잠깐

여기서 잠깐 말씀드려야겠습니다. 저는 어떤 권위를 갖고 이야기하는 것이 아닙니다. 저는 감히 누군가에게 조언하거나 제 생각이 어떤 다른 가치가 있다고 생각하여 충고하려는 것이 아닙니다. 다만 저는 한 사람의 신자로서 요청하는 마음입니다. 조심스럽게 말씀드려 보는 것입니다.

저는 어렸을 때부터 청년 때까지 신앙고백과 교리문답을 체계적으로 배우지 못했습니다. 그래서 저도, 제 가까운 친구들도, 교회도 어떤 책을 읽느냐에 따라, 어떤 프로그램을 하고, 어떤 경험을 하느냐에 따라 교리가 늘 달랐습니다. 교리가 없었다는 말이 더 정확할지도 모르겠습니다. 어쨌든 교리가 없었던 신앙은 온전하지 않았습니다.

이후 성경이 무엇을 말하는지를 깨닫게 되면서, 특히 하나님의 섭리 안에서 우리 선조들의 자랑스러운 신앙고백과 교리문답을 알게 되면서 저는 안타깝고 슬펐습니다. 우리의 현실에 화가 났습니다. 제가 아는 적지 않은 친구들이, 가까운 가족이 이단(특히 신천지)에 빠지는 것을 보면서 더욱 그랬습니다.

저는 다음 세대만큼은 저희가 겪었던 아픔과 비참함을 겪지 않기를 원합니다. 그리고 아직까지는 많은 경우 교회에서는 상상만 해본다거나, 아주 조심스럽게, 겨우겨우 한 발씩 내딛고 있는 부서별 모임이나 소그룹 모임, 또 각 개인의 교리 공부에 많은 응원과 격려가 필요하다고 생각합니다.

저는 일반 성도며, 교회의 질서를 알고 있습니다. 감히 교회를 섬기는 지도자들, 목사와 장로를 가르치려거나, 그들의 역할을 대신하고자 하지 않습니다. 건강한 교회들은 제가 이 책에서 이야기하는 내용들이 필요없을 것입니다. 이 책의 수준보다 훨씬 깊고 풍성할 것이기 때문입니다. 그리고 그것이 사실 가장 건강한 것이고 가장 좋은 것입니다. 하지만 현실은 그렇지 않습니다. 건강한 교회는 소수고, 많은 사람이 여러 어려움 가운데서 신앙생활하고 있습니다. 다만 제가 바라는 것은, 그리고 독자 여러분께 부탁드리는 것은 응원과 격려입니다. 건강한 교회를 꿈꾸지만 그렇지 않은 교회에 있는, 하나님의 말씀을 풍성히 알고 싶지만 충분히 맛보지 못하는 사람들을 위한 응원과 격려 말입니다. 개인으로든, 또 뜻이 맞는 사람들이 함께 모인 소그룹으로든 도움이 필요한 분들에게 조금이나마 도움을 드리고 싶다는 마음으로 부족한 자가 용기를 내어 글을 씁니다.

이런 도움이 필요한 분들이 이 책을 읽으신다면 정말 조금이나마 도움을 받으시게 되길 원합니다. 건강한 교회에서 신앙생활하고 계시는 분들은 주변에 이런 도움이 필요한 분들이 비록 교회에서 가장 좋은 방법으로 배우지 못할지라도 할 수 있는 최선의 상황에서 최선으로 배울 수 있게끔 도와주시고 함께 해 주시기를 부탁드립니다. 또, 이런 점을 감안하셔서 이 글을 이해해 주시면 감사하겠습니다.

기본 중의 기본, 교과서 중의 교과서, 신앙고백과 교리문답

세상의 책들은 귀납적입니다. 사람들의 철학과 경험을 가지고 결론을 내립니다. 하지만 신앙서적은 그래서는 안 됩니다.

계시, 진리는 우리의 철학이나 경험으로 발견하거나 알 수 있는 것이 아니기 때문입니다. 하나님께서 성경을 주시지 않았다면 우리는 결코 하나님을 알 수 없었을 것입니다. 하나님께서 성경을 주셨기 때문에 우리가 하나님을 알 수 있는 것입니다. 그래서 신앙서적은 연역적이어야 합니다. 이 때문에 기독교의 가르침인 교리를 가장 먼저 배우는 것이 중요합니다.

십계명과 사도신경은 교회에서 가장 오래도록 가르쳐 온 핵심교리입니다. 하지만 시간이 지날수록 교회 밖의 이단과 타종교의 거친 공격이 계속돼 왔고, 기독교 내에서도 철학이 계시를 대체하려는 대항이 있어 왔습니다. 그래서 우리 선조들은 조금 더 자세하고 정확하게 성경의 가르침을 진술하고 선언할 필요에 따라 신앙고백과 교리문답들을 하나님의 섭리 안에서 만들어 사용해 왔습니다.

이런 신앙고백과 교리문답은 가치와 내용에서 위대한 신앙고백입니다. 그 내용은 성경에 일치하며, 역사적인 가치뿐만 아니라 오늘날에도 여전히 그 실천적인 적용 부분에서 단연 최고 가치를 지닙니다. 신앙고백과 교리문답을 교과서 중의 교과서라고 할 수 있는 것은 신앙고백이 그 특성상 성경이 말하는, 기독교가 말하는 신앙의 진술과 체계가 무엇인지를 다른 어떤 것보다 밝히 드러내고 있으며, 교리문답이 그 특성상 신앙고백에서 선언하는 내용들을 신자들이 잘 배울 수 있게 가장 체계적이고 효과적으로 구성됐기 때문입니다.

따라서 교회에서 모든 그리스도인이 가장 먼저 충분히 배워야 할 기본 중의 기본은 신앙고백과 교리문답입니다. 그래서 각 교단들의 헌법에도 신앙고백과 교리문답의 가치와 중요성을 명시하고, 가르치도록 규정하고 있습니다. 물론, 안타깝게도 실제로 그렇게 하는 교회가 거의 없다는 것이 현실이지만 말입니다.

현재 가장 대표적인 신앙고백과 교리문답으로, 장로교회에서는 웨스트민스터 신앙고백, 웨스트민스터 대교리문답, 웨스트민스터 소교리문답이 있고, 개혁교회에서는 벨직 신앙고백, 하이델베르크 교리문답, 도르트 신조가 있습니다.

신앙고백과 교리문답들을 교과서 중의 교과서라고 말씀드렸는데, 그것은 이것들만 열심히 배우고 익혀도 충분하기 때문입니다. 우리 선조들도 교회의 교육과정과 내용을 신앙고백과 교리문답을 중심으로 했습니다.

그래서 저는 신앙고백과 교리문답으로만 독서지도를 그려도 충분하다고 생각합니다.

　　우리 선조들은 여러 가지 방법을 이용했습니다. 선조들은 하이델베르크 교리문답의 경우 전체 129문답을 52주에 걸쳐서 공부할 수 있게끔 구성했습니다. 전체 문답을 1년에 한 번 공부할 수 있게 한 것이지요. 하이델베르크 교리문답을 매년 계속 반복하면서 필요한 경우 벨직 신앙고백과 도르트 신조로 내용을 좀더 채우기도 했고, 벨직 신앙고백과 하이델베르크 교리문답, 도르트 신조를 매년 번갈아가면서 공부하기도 했습니다.

　　장로교회는 웨스트민스터 신앙고백, 대교리문답, 소교리문답을 매년, 또는 순차적으로 공부하기도 했습니다. 또 웨스트민스터 신앙고백을 교회에서 설교나 강의로 매년 공부하고, 대교리문답과 소교리문답은 목사와 장로가 심방하여 가르치고 확인하면서 성도들이 공부할 수 있게 했습니다.

　　우리도 우리 현실과 상황에 맞게 여러 방법을 생각해 볼 수 있겠습니다. 여기서는 웨스트민스터 신앙고백과 대/소교리문답으로 독서지도를 만들어 보겠습니다.

　　소교리문답은 목적 자체가 초신자와 청소년을 위한 문답이기 때문에 신앙고백과 대교리문답처럼 매년 배울 수 있는 교육과정으로 편성하기보다는 우리 선조들처럼 심방을 통해,

또는 교회에서 개별 시간을 통해 배울 수 있게 하는 것도 좋을 것 같습니다. (가르쳐 달라고 교회에 요청합시다.) 청소년은 소교리문답을 매년 또는 순차적으로 계속해서 반복하되 완전히 암송하고 내용을 충분히 소화하는 것을 목표로 합니다. 신앙고백과 대교리문답은 참고하는 정도로만 해도 충분하다고 생각합니다.

성인 초신자의 경우는 집중해서 소교리문답을 최소 두세 번 정도 공부하는 것이 좋다고 생각합니다.

1) 본격적으로 공부하기 전, 토요일 같은 날에 어느 정도 시간을 들여 전체 구조를 보고 전체 문답을 한 번씩 소리내어 말하면서 간단한 설명을 듣습니다. 이 단계는 처음부터 너무 지칠 수 있으니 모든 사람이 꼭 거쳐야 할 필요는 없다고 생각합니다. 하지만 배우는 사람이 원한다면, 할 수만 있다면 이후 과정을 생각할 때 좋은 방법이라고 생각합니다. 이 1)번 과정을 생략한다면 2)번 과정을 처음 시작할 때 전체 구조를 함께 살펴보는 시간을 잠깐이라도 갖는 것이 필요합니다.

2) 짧게는 6개월 길게는 1년에 걸쳐 충분히 공부합니다. 교회에서도, 배우는 사람 입장에서도 지나치게 가시적인 목표

를 둔다거나 기대치를 높게 잡지 않고, 기독교 교리가 무엇인지 확인한다는 정도로도 충분하다고 생각합니다. 물론 늘 보이지 않는 목표는 더 높게 잡아야겠지만요. 이후 사람과 상황에 따라 1-2년 정도 반복합니다. 행여 지루함을 피하기 위해 소교리문답 대신 하이델베르크 교리문답으로 공부하는 것도 좋은 것 같습니다.

 **잠깐**

참고로 말씀드리면, 교회 차원에서든 소그룹 모임에서든 웨스트민스터 소교리문답을 공부하기에 좋은 훌륭한 교재가 있습니다. 황희상 선생님의 『특강 소요리문답』(흑곰북스)은 책 자체에서 1년 동안 공부할 수 있는 플랜도 제공하고, 초신자든 어느 정도 신앙생활을 한 사람이든 소교리문답을 잘 이해하고 감동적으로 공부할 수 있게끔 구성되어 있습니다.

이제 신앙고백과 대교리문답입니다.

방법 1.

건강한 교회는 신앙고백과 대교리문답을 교회 교육과정으로 편성합니다. 그리고 매년, 또는 1년에 정확히 맞춰서 하는 것이 어려울 수 있으므로 이 둘을 순차적으로 번갈아 가르치고 배웁니다.

우리도 그렇게 하면 됩니다. 혼자서 공부할 수밖에 없다면 웨스트민스터 신앙고백과 대교리문답에 관한 좋은 해설서를 반복해서 읽습니다. 하지만 가급적 소그룹으로 모여서 함께 공부하는 것이 좋습니다. 혼자서는 정말 나태해지거나 지치기 쉽습니다. 내용 이해가 쉽지 않을 때는 책을 읽는 것 자체가 어려움이 될 수 있습니다. 그러니 가급적 뜻이 맞는 사람들을 찾고, 또 같은 뜻을 공유하길 원하는 사람들과 함께 모여 그룹으로 공부하시길 권합니다.

방법 2.

건강한 교회는 신앙고백을 매년, 또는 순차적으로 가르치고 배우되 신앙고백의 각 항에 해당하는 대교리문답의 문답들을 그때그때 확인하고 배웁니다.

우리도 그렇게 하면 됩니다. 어떤 사람들, 그리고 어떤 상황에서는 이 방법이 무척 부담될 수 있습니다. 하지만 더 풍성하게 공부하는 것이 될 수 있습니다. 정답이 없으니 개인이, 또 그룹에서 상황 등을 고려하여 판단한 뒤 진도를 나가시면 될 것입니다.

다른 여러 방법이 얼마든지 있을 것입니다. 사람이나 상황에 따라 다르겠지만 어느 방법이든 5년 정도만 지나면 기독교 교리의 대부분을 충분히 이해하고 설명할 수 있을 것입니다. 10년 정도가 지난 후는 어떨까요? 저는 우리 선조들을 생각하며 우리의 모습을 상상해 봅니다.

교과서와 함께 참고서 읽기

앞서 말씀드렸지만 저는 어떤 상황, 어떤 사람의 경우에는 교과서라고 말씀드린 신앙고백과 교리문답들로도 평생 충분하다고 생각합니다. 나이가 어느 정도 있으시다거나, 환경, 직업 등의 이유로 말입니다.

하지만 어렸을 때부터 교회에서 또는 가정에서 신앙고백과 교리문답을 공부하는 사람들, 뜻있는 친구들과 함께 열정을 불태우는 청년들은 좀더 욕심이 날 것입니다. 욕심을 내야 합니다. 나이가 좀 있어도, 지금까지 책을 많이 읽어 오지 않은 사람도 가능하다면 욕심을 내주십시오.

여기서도 여러 방법이 있습니다.

방법 1.

먼저 신앙고백과 교리문답만으로 충분히 5년, 10년 공부한 이후, 각각의 주제나 문제를 깊고 넓게 다루는 도서들을 보며 공부합니다.

이 방법의 특징은 이미 신앙고백과 교리문답을 충분히 공부했기 때문에 깊이와 분량면에서 이후에 어떤 책을 읽어도 못 읽을 책이 없다는 것입니다. 또 교리에 대한 이해가 깊고 넓기 때문에 참고하는 도서들을 능동적으로 비판하면서 이해하고 지식을 확장할 수 있습니다.

사실 5년, 10년 동안 신앙고백과 교리문답 외에 다른 책들을 전혀 안 보거나 보지 못할 수는 없을 것입니다. 이에 대해서는 뒤에서 다시 말씀드리겠습니다.

방법 2.

처음 신앙고백과 교리문답을 공부할 때는 신앙고백과 교리문답 자체에 집중하되 두 번째나 세 번째 공부할 때부터는 각각의 주제나 문제를 깊고 넓게 다루는 도서들을 함께 보며 공부합니다.

어느 방법이나 장단점과 특징이 있습니다. 이 방법은 신앙고백과 교리문답에서 다루는 주제나 문제에 대해 처음부터 훨씬 정확하고 깊이 있는 공부를 능동적으로 할 수 있다는 것이 특징입니다. 예를 들면 웨스트민스터 신앙고백 5장은 섭리에 대한 진술입니다. 이를 웨스트민스터 대교리문답에서는 18문답에서 20문답까지 다루며, 소교리문답에서는 11문답에서, 벨직 신앙고백에서는 13장에서, 하이델베르크 교리문답에서는 26문답부터 28문답까지 다룹니다. 기본적으로는 같은 내용이지만 내용 중 어떤 부분을 강조하는지와 어떤 논리에서 설명하고 있는지 등을 생각하면서 비교하면 이해가 훨씬 분명하고 깊어집니다. 여기에 『기독교 강요』(크리스챤다이제스트) 상 1권의 16-17장 정도는 반드시 더하여 읽고, 로버트 레이몬드의 『최신 조직신학』(CLC) 10-11장 등을 참고한다면 좋습니다. 더 나아가 존 플라벨의 『하나님의 섭리』(규장), 폴 헬름의 『하나님의 섭리』(IVP)와 같은 단행본을 읽으면서 섭리라는 주제를 집중하여 생각하고 정리한다면, 좀더 나아가 이 모든 것을 교회에서 함께한다면 더할 나위 없을 것입니다.

 **잠깐**

이렇게 독서할 때, 어떤 책들의 경우 특정한(여기서는 '섭리') 부

분 하나만을 떼어서 공부하고 이해하면 어떤 부족함이 느껴질
수 있습니다. 사실 어느 주제나 마찬가지겠지만 섭리라는 주제
도 하나님의 작정 안에서 다루어야 하고, 하나님의 작정도 하
나님의 하나님 되심 안에서 이해해야 합니다. 왜냐하면 모든
주제, 모든 교리가 서로 긴밀히 연결되어 있기 때문입니다. 그
래서 성경의 전체 교리를 어느 정도 충분히 이해하고, 각 교리
들의 연결점을 생각할 수 있는 기초과정이 가장 먼저 있어야
할 것입니다.

다음 내용으로 나아가기 전에 몇 가지 말씀드리고 싶은 것이
있습니다.

이것은 정말 하나의 예일 뿐입니다. 사람마다 다양한 경우
의 수가 있습니다. 어떤 분들에게는 시간이 문제고, 어떤 분
들에게는 방법이 문제고, 어떤 분들에게는 배움의 어려움이
문제일 수 있습니다. 저는 이렇게 체계적으로 계획해서 공부
하는 것이 시간도 어느 정도, 방법도 어느 정도, 배움의 어려
움도 어느 정도 해결해 줄 수 있다고 생각합니다. 여기서 말
씀드린 대로 시작을 하셔도 좋고, 여러분의 각 상황에 맞게
계획을 짜서 시작하셔도 좋습니다. 방법의 어려움을 겪는 분

들은 여기서 말씀드린 대로 하시다 보면 각 상황에 맞게 자연스럽게 수정하고 보완하실 수 있을 것입니다.

바라기는 이 책에서 말씀드리는 내용들이 나쁘지 않은 참고가 되는 것입니다.

어떻게 보면 여기서 이야기하는 것들이 무척 쉽게 보입니다. 하지만 어떤 분들에게는 쉽고 작은 것도 큰 부담과 어려움일 수 있음을 압니다. 생소할수록 더욱이요. 그래서 사실 우리에게는 결국 교회가 필요합니다. 교회의 지도와 보살핌이 필요합니다. 원래 교회 안에서 배우고 신앙고백하며 살아야 하는 내용이니까요.

교회가 성경이 말하는 기독교 전체 가르침에 관심이 많이 없다고 해도 그 교회가 교회가 아닌 것은 아닙니다. 그래서 개인이나 소그룹에서 이 목마름을 해소해야 하는 분들에게 꼭 말씀드리고 싶은 것이 있습니다. 개인의 경우는 읽고 있는 책에 대해 목회자와 자주 나누시고 목회자에게 가르쳐 달라고 요청하십시오. 소그룹의 경우는 반드시 교회의 질서 아래 있게끔 목회자에게 먼저 알리고 모임을 시작하십시오. 그리고 기회가 될 때마다 어떤 책을 읽고 있고, 무엇이 궁금하고, 배움을 통해 무슨 일이 일어나고 있는지를 이야기하십시오.

5년, 10년 내에는 변화가 일어나지 않을지라도 그 이후는 어떨지 아무도 모릅니다. 혹 우리 세대에서는 어떤 변화가 일어나지 않더라도 분명 다음 세대는 우리의 시작과 우리의 시작이 만들어 낸 어떤 결과와 열매에서 시작하게 될 것입니다.

건강한 교회의 경우도 교회의 진도에 맞춰 더 읽을 만한 책들을 추천해 달라거나, 따로 알아보고 계획한 다음 목록을 검토해 달라고 하면 좋을 것입니다.

 **잠깐**

신앙고백과 교리문답을 우선으로 하는 가장 큰 이유는 이것이 교회의 신앙고백이기 때문입니다. 또 신앙고백과 교리문답은 성경에서 말하는 내용만을 다루는 반면, 신학서적들은 그렇지 않을 때가 종종 있기 때문입니다. 그리고 사실 신앙고백과 교리문답만으로도 충분하기 때문에 최종 정리를 신앙고백과 교리문답으로 하는 것이 여러 면에서 보기 좋다고 생각합니다.

계획표 짜기

체계적으로 꾸준히 독서하는 방법은 계획을 세우는 것입니다. 심지어 매일 일정한 시간이 아니라 짬이 날 때마다 읽을 수밖에 없어도 계획을 세우는 것이 좋습니다.

우리는 꼭 독서가 아니라 다른 일들을 공부하고 익힐 때도 계획 아래서 합니다. 계획을 세우는 주체 정도가 달라질 뿐이지 많은 일이 그 나름의 계획 아래서 진행됩니다.

수영을 배운다고 할 때 처음 기초과정은 얼마나, 자유영은 언제부터, 배영은 언제부터 한다는 계획은 코치나 강사가 선수나 수강생의 능력과 상황에 따라 세웁니다. 한편 수영을 언제부터 시작할지, 어느 시간대에 할지, 어느 수준까지 배울지 등을 정하는 것은 우리입니다.

요리를 배우는 것도, 외국어를 배우는 것도, 업무에 관련된 컴퓨터 프로그램이나 기술을 배우는 것도 그 모양이나 정도가 다를 뿐 다 계획이 있습니다. 무엇인가를 체계적으로, 제대로 공부할 때 계획 없이, 단계 없이 배우는 일은 없습니다.

계획은 그 자체로 우리가 지금 무엇을 하고 있는지를 보여주며, 왜 해야 하는지를 생각하게 해주며, 우리가 할 수 있는지 없는지에 대해서도 평가하고 돌아볼 수 있게 해주기에 중요합니다.

그런데 이렇게 중요한 계획이 독서에서 실제로는 독서를 잘 못하게 하는 큰 이유 중 하나가 되기도 합니다. 독서가 어려운 이유는 다양하고 많습니다. 시간 계획을 잘못 세워서일 수도 있고, 너무 의욕만 앞섰다가 금방 지쳐서일 수 있고, 안내해 주는 사람이 없다 보니 여러 어려움을 겪어서일 수도 있습니다. 그러나 제 생각에는 계획이 다른 이유들보다 눈에 보이지 않으면서 실제로는 더 큰 이유고, 또 사실 가장 쉽게 해결할 수 있는 것입니다.

계획에서 가장 중요한 것은 여러분께서도 잘 아시듯이 실천가능성입니다. 목표를 세우는 것도 중요하지만, 그 목표를 우리의 능력과 상황에 맞춰서 실천가능하게 하는 것이 바로 계획입니다. 그렇기 때문에 저는 교회와 개인 모두에게 계획이 중요하다고 생각합니다.

계획을 세우지 않거나, 잘못 세우면 의욕만 앞서는 경우가 많은데 제가 가장 자주 실패했던 방법입니다. 아마 많은 분이 경험하신 방법이지 않을까 싶습니다.

실천가능성은 성취, 성취감을 생각하시면 됩니다. 독서가 아니라 다른 운동이나 취미 활동을 생각하시면 이해가 충분할 것입니다.

어떤 특정한 주제를 깊이 있게 공부하려고 할 때든, 익숙하지 않은 독서 자체를 우리 삶의 중요한 부분으로 만들려고 독서를 처음 시작할 때든 처음에는 얇고 재미있는 책을 고릅니다. 그리고 가능한 빠른 시간 안에 읽습니다. 너무 얇은 책은 오히려 성취감이 떨어질 수 있으니 적어도 150쪽은 넘는, 200쪽 전후의 책이 적당한 것 같습니다. 내용이 다소 난도가 있다거나 평상시에도 관심과 궁금함이 많은 특정 주제에 대해 다루는 책이라면 100쪽 내외의 책도 좋습니다. 어쨌든 책을 정해서 가능한 빠른 시간 안에 읽습니다. 이 정도의 분량은 앉은 자리에서 2-3시간 정도면 다 읽을 수 있습니다. 매일 나눠서 읽어야 하는 상황이라도 가급적 1주일 이내에 다 읽습니다. 한 자리에 앉아서 책 한 권을 다 읽었다는, 일주일 내에 꾸준히 읽어서 책 한 권을 마쳤다는 이 성취가, 그 성취감이, 이 성공의 경험이 이후의 독서에 정말 큰 영향을 미칩니다. 이런 식으로 몇 권 정도 읽고 나면 이후에 혹 조금 어렵고 지루한 내용의 책이라도 인내하면서 읽을 수 있습니다. 이전에 3시간 의자에 앉아 있었던 정신과 몸의 기억이 어려운 책을 적어도 1시간 정도는 끈기 있게 붙들 수 있게 해주는 것입니다.

이제 이런 성취(감) 등을 고려하여 우리가 하루에, 또 일주일에 어느 정도의 시간을 사용할 수 있는지를 생각하고 계획표를 짭니다.

앞에서 언급했던 "섭리" 주제로 공부한다고 했을 때를 예로 들어 보겠습니다.

섭리가 창조와 함께 작정을 이루고 있기 때문에 창조와 섭리를 함께 묶어 한 달 동안 공부하는 것으로 계획을 세워도 좋습니다. 여기서는 예이므로 섭리 한 주제를 한 달 동안 공부하는 것으로 해보겠습니다.

앞에서 섭리 관련하여 이런저런 책들을 연이어서 읽으면 좋다고 말씀드렸는데 언급된 목록이 아주 많은 것은 아니어도 부담이 안 되는 것은 아닙니다. 하지만 계획을 나눠서 생각하면 생각보다 부담이 줄고, 할 수 있겠다, 한번 해보자 하는 마음이 생깁니다.

먼저 다음과 같이 주 단위로 나눕니다.

1주	여러 신앙고백과 교리문답을 비교하며 공부하기
2주	『기독교 강요』와 『최신 조직신학』 등을 공부하며 이해 더하기
3주	존 플라벨의 『하나님의 섭리』 읽기
4주	폴 헬름의 『하나님의 섭리』 읽기

 **잠깐**

청교도 존 플라벨의 책은 실천적이며 체험적인 것이 특징입니다. 그가 실제로 복음을 위해 많은 고난을 받았기 때문입니다. 그래서 이 책은 그의 고백이기도 하면서 당시 그처럼 복음을 위해 고난을 받는 성도들을 향한 위로이기도 했습니다. 오늘 우리에게도 물론 그렇습니다.

폴 헬름의 책은 다소 어려워 보이지만 기초가 튼튼하신 분들에게는 읽어 볼 만한 책입니다.

레이몬드의 『최신 조직신학』은 그 구조가 다른 신학책들과는 달리 신앙고백에 맞춰져 있다는 특징이 있으며, 내용도 건강하고 탁월합니다.

이렇게만 나눠서 생각해도 부담이 줄고, 할 수 있겠다는 마음이 생깁니다.

이제 좀더 구체적으로 나눕니다.

월	**웨스트민스터 신앙고백 5장 공부하기** · 두세 번 소리 내어 읽어 보기 · 이전에(기초과정으로) 배웠던 내용 생각해 보기 · 혹시 어렵거나, 기억이 잘 안나는 부분 있다면 따로 체크하기 · 해설서의 도움으로 해결해 보기
화	**웨스트민스터 대/소교리문답 공부하기** · 이 문답들이 신앙고백의 어떤 부분과 연결되는지 찾아보기 · 소교리문답 11문답은 암송하기 · 대교리문답 18–20문답과 소교리문답 11문답을 여러 번 소리 내어 읽기 · 필요하면 각 교리문답 관련 해설서 찾아보기
수	**벨직 신앙고백 13장 공부하기** · 벨직 신앙고백에서 선언하는 내용을 웨스트민스터 신앙고백과 비교해 보기 · 13장을 서너 번 소리 내어 읽기 · 웨스트민스터 신앙고백 5장과, 관련된 각 교리문답들을 한 번씩 읽기
목	**하이델베르크 교리문답 26–28문답 공부하기** · 26–28문답 내용을 웨스트민스터 신앙고백과 비교해 보기 · 26–28문답을 여러 번 소리 내어 읽기 · 웨스트민스터 신앙고백 5장, 대교리문답 18–20문답, 소교리문답 11문답, 벨직 신앙고백 13장을 한 번씩 읽기
금	(도르트 신조에 관련 내용 있으면 계획 세워서 공부하기)
토	전체를 짧게 복습하기

구체적으로 나눴기 때문에 해야 할 일이 많아 보이지만 각각을 생각하면 정말 쉽고 간단합니다. 소요 시간은 각 과정이 짧게는 15분에서 길어도 30분 정도입니다. 또 개인의 능력과 상황에 따라 이틀 분량을 하루에 하고 휴식하는 날을 하루이틀 정도 만드는 것도 좋은 방법입니다.

2주 『기독교 강요』와 『최신 조직신학』을 공부하며 이해 더하기

월	**『기독교 강요』 1권 16장 공부하기** · 1권 16장 읽기 · 필요하면 앞서 공부했던 신앙고백과 교리문답 문서들 확인하기
화	**『기독교 강요』 1권 17장 공부하기** · 1권 17장 읽기 · 필요하면 앞서 공부했던 신앙고백과 교리문답 문서들 확인하기
수	**『기독교 강요』 1권 18장 공부하기** · 1권 18장 읽기 · 필요하면 앞서 공부했던 신앙고백과 교리문답 문서들 확인하기
목	**『최신 조직신학』 10장 공부하기** · 10장 읽기 · 필요하면 앞서 공부했던 신앙고백과 교리문답 문서들 확인하기
금	**『최신 조직신학』 11장 공부하기** · 11장 읽기 · 필요하면 앞서 공부했던 신앙고백과 교리문답 문서들 확인하기
토	**복습** · 웨스트민스터 신앙고백 위주로 전체 복습하기

『최신 조직신학』의 경우 분량이 좀 많을 수 있습니다. 하지만 이 주제와 관련하여 계속해서 공부해 왔기 때문에 기본개념은 잘 자리잡고 있을 것입니다. 너무 철학적이거나 전문적인 내용들은 건너뛰면서 읽는다면 크게 부담되지 않습니다.

이런 식으로 계획을 구체적으로 세워서 독서합니다.

평일에 시간이 부담되는 분들은 앞에서 1주차에 공부하는 분량을 2-3주에 나눠서 공부하는 방식으로 천천히 하면 됩니다. 하루에 5분에서 10분 정도만 시간을 내면 가능합니다. 평일에는 시간이 안 되고, 주말에는 시간을 충분히 내실 수 있는 분들은 1주차의 내용을 주말에 집중해서 공부할 수도 있겠습니다. 또『하나님의 섭리』와 같이 그 주제를 집중적으로 다루고 있는 책을 먼저 읽는 것을 선호하시는 분들은 이런 종류의 책을 먼저 읽고 신앙고백서로 정리하시는 것도 좋은 방법입니다. 이런 종류의 책은 해당 주제에 대한 설명이 체계적으로 자세하게 되어 있어서 깨닫고 이해하는 데 큰 도움이 됩니다. 어떤 방법이든 우리 각자 상황에 맞게 하면 됩니다.

계획이란 것은 참 신기해서 우리가 계획을 구체적으로 세우지 않았을 때는 모르지만, 구체적으로 계획을 세우면 시간이 우리를 통제하는 것이 아니라 우리가 시간을 다스리는 것을 보게 됩니다. 계획을 세우게 되면 없던 시간이 생기고 만들어지기도 하는 것을 여러분도 잘 아실 것입니다.

그런데 시간을 정말 제대로 다스리기 위해서는 시간 단위가 아니라 앞에서처럼 내용 단위로 계획을 세워야 합니다.

수학은 1시간, 영어는 40분, 역사는 30분. 이런 식으로 계획을 세우는 것은 목표 자체가 시간이 되는 경우가 많습니다. 집중해서 하든 그렇지 않든 정해진 시간이 되면 끝나기 때문입니다.

"고구려, 백제, 신라 삼국의 관품제도 비교하며 이해하기", "삼각함수의 극한 이해하고 5문제 풀기", "성경의 영감에 대한 개념 이해하고 증거구절 15개 찾아보고 정리하기" 등 내용 단위로 구체적으로 계획을 세우면 집중도도 높아지고 우리가 무엇인가를 하고 있다는 생각이 계속 들고(이 생각 자체가 우리에게 힘을 불어넣어 줍니다), 더욱이 날마다 작은 성취감을 맛보게 됨으로써 꾸준히 재미 있게 독서할 수 있습니다.

물론, "출퇴근할 때 15분씩"과 같은 경우는 내용 단위로 계획하여 읽기는 어려울 것입니다. 이런 시간들은 다른 책들에 비해 집중도가 좀 떨어져도 충분히 읽을 수 있는 전기나, 실천서들을 읽는 것으로 하는 편이 더 좋을 것입니다.

독서지도map의 필요성과 유익

신앙서적의 중요성을 깨닫고 유익을 누리기 시작한 처음부터 '나에게 독서지도 선생님이 계시다면 얼마나 좋을까' 하고 생각했습니다. 그리스도인으로서 기본적으로 알아야 할 것들과 (필독) 함께 저 개인의 관심(그러나 결코 개인일 수는 없는)과 필요에 따라 읽을 거리(선택)를 지속적으로 지도해 주는 선생님 말입니다. 그러나 그런 선생님을 쉽게 만나지는 못했습니다.

무작정 책을 읽기 시작한 지 2−3년이 흐른 뒤에 저는 좀 더 체계적으로 진리를 배우고 싶었습니다. 또 제 독서생활을 관리해야 할 필요성도 느꼈습니다. 그래서 읽은 책 목록을 관리하고, 앞으로 읽을 책들을 계획하며 독서하는 데 사용할 "독서지도map"를 만들어 사용하기 시작했습니다. 엑셀Excel 프로그램으로 만든 이 독서지도를 이용해 1년 단위, 월 단위로 계획하고, 주제별, 수준별(입문, 기본, 심화)로 계획해서 읽으려 했습니다. 신앙서적을 주로 읽었지만 일반서적도 한 달에 한 권 정도 읽으려 했습니다.

다짐과 장황한 계획과는 달리 처음에는 체계적으로 (작성하고 또 실천하며) 읽지 못했습니다. 독서지도에 읽은 것으로 기록되는 책들은 원래 계획했던 것보다 그때그때 읽어야 했던 책들, 읽고 싶었던 책들이 더 많았습니다.

그러다가 어떻게 보면 긴 시간을 거쳐, 또 어떻게 보면 어느 순간(특별한 시간이 있었습니다) 저는 성경적이고 역사적인 종교개혁자들의 가르침을 받아들이게 됐습니다. 그때가 지금으로부터 약 10년 전쯤 됩니다.

이후 저의 독서 생활은 완전히 달라졌습니다. 이전에 읽었던 책들 중 많은 책을(그런 종류의 책들을) 더는 읽지 않게 됐습니다. 전혀 새로운 관심거리들이 생겨났고, 처음 보고 알게 되는 저자나 주제들에 흠뻑 빠졌습니다. 제 신앙 환경상 누군가에게서 지속적이고 구체적인 도움을 받기는 어려웠기 때문에 저는 주로 인터넷과 책(좋은 책은 다른 좋은 책들을 소개해 주기 때문입니다)의 도움을 받아 독서지도를 새롭게 설계하고 독서 생활을 해나갔습니다.

나이가 (많지는 않지만) 들어가고, 독서량이 늘면서 어느덧 자연스럽게 또래나 후배들에게 독서법과 독서 계획 등, 신앙서적 독서에 대한 안내를 하게 됐습니다. 물론 지금도 저는 모르는 것이 많고, 누군가를 가르칠 선생이라고 말하기에 자격이 부족합니다.

저는 저나, 저와 함께 책을 읽기 시작한 친구들이 간절히 필요로 하고, 또 알기 원했던 신앙서적 읽기에 대한 기초적인 부분들을, 이런 도움이 필요한 독자 여러분께 조금이나마 도움 드릴 수 있기를 바랍니다.

제가 그랬듯 책을 막 읽기 시작한 사람들에게 사람들의 지식과 상황과 필요에 따라 좋은 책을 수준별로 선택해서 읽어나가는 것은 얼마나 중요한지요. 아주 엄밀하고, 아주 체계적이기까지는 아니어도 몇 살 위의 선배가 했던 고민, 그들의 서평, 책에 대한 이야기들이 이제 막 따라가는 후배들에게는 적지 않은 도움이 됩니다. 때로는 아주 큰 도움이 됩니다. 한 사람이 완전히 변하기도 합니다. 제가 여러 목회자와 몇몇 선배들과 좋은 책들을 통해 큰 도움을 받은 것처럼 말입니다. (그래서 이 책이 기획됐습니다!)

독서지도—다음 세대를 위해 우리가 시작해야 합니다

그래서 제게는 그때부터 독서지도로 다른 분들을 돕고 싶은 마음이 있습니다.

약 10년 전부터 독서학교를 꿈꿨습니다. 한 교회, 또는, 여러 교회가 함께 기독교도서관을 만들어서 그곳에서 즐겁고 체계적으로 함께 공부하는 것이었습니다. 모든 건강하고 즐거운 신앙 모임을 하신 분들은 다 아실 것입니다. 함께 무엇인가를 할 때 우리에게 얼마나 많은 도전이 일어나는가, 기쁨이 일어나는가, 감사가 일어나는가, 죄를 깨닫게 되는가, 하나님을 다시 생각하게 되는가, 신앙에 대해 진지해지게 되는가, 위로받게 되는가, 주님께만 마음을 두게 되는가 하는 것들을 말입니다.

신자는 언제나 하나님과 일대일로 만납니다. 그러나 교회 안에서 그러합니다. 우리는 다른 누구를 통해, 누구에게 영향을 받아서, 도움을 받아서가 아니라 오직 그리스도로 말미암아 하나님께 인도됩니다. 그리스도만이 우리를 하나님께로 인도하십니다. 죽은 우리를 살리셔서 하나님과 다시 교제하게 하시고, 하나님을 다시 예배하게 하시고, 우리로 거룩하게 하시며, 자라게 하시는 분은 오직 그리스도십니다. 그러나 그리스도는 우리를 교회 안에서 그렇게 하십니다. 우리는 교회 안에서 그리스도를 만납니다. 교회와 함께 그리스도께 나아갑니다. 교회 안에서, 교회와 함께 그리스도를 배우고, 그리스도를 의지하며, 그리스도를 사랑합니다. 이것을 함께 경험하고, 이 위대한 신앙(그리고 거기서 나오는 모든 것)을 함께 고백하는 교회는 이 모든 것을 그리스도 안에서, 함께 누립니다. 교회는 서로 배우고, 서로 위로받고 위로하며, 서로 자라고, 서로 감사하며, 서로 기뻐하고 즐거워합니다. 혼자는 결코 알(상상할) 수도, 경험할 수도 없는 것입니다.

독서 모임을 하면서 저는 교회 안에서 이렇게 함께 진리를 공부하고 자라 가는 것이 얼마나 복되고 감사한 일인지 알게 됐습니다. 처음에는 저 자신의 무지함으로, 이런 일을 일반적이지 않은 일로 생각했습니다. 그러나 신앙이 자라고, 하나님의 교회에 대한 이해가 조금씩 자라면서, 이렇게 함께 진리를 공부하고(반드시 이 책에서 말하는 독서 모임의 형태를 말하는 것은 아닙니다) 함께 자라는 것이 교회의 본질이라는 것을 알게 됐습니다. 모든 교회가 해야 하는 일입니다.

그런데 이런 이야기들이 이상적인 이야기로 들립니다. 우리 교회, 우리 주위의 교회들은 대부분 이런 이야기들과 거리가 멀지도 모르겠습니다. 진리를 있는 그대로 선포하고, 교회의 온 성도가 진리를 열심히 공부하고 배우는 일들은 신앙의 유산이 좋은 소수의 교회와 가정, 공동체만 알고 경험하는 이야기일지도 모르겠습니다.

우리에게 신앙의 유산을 물려준 선조들도 분명 시작이 있었을 것입니다. 분명 힘들었을 것이고, 외로웠을 것입니다. 따가운 눈초리를 받았을지도 모릅니다. 하지만 그들은 그들 자신과 다음 세대를 위해 해야 할 일을 했고, 노력했고, 지켰고, 물려주었습니다.

오늘 우리도 우리 선조들처럼 해야 합니다. 이전 시대 종교개혁을 비롯한 모든 부흥의 시대 때, 건강한 교회들에서 했던 것처럼 시작해야 합니다. 혹 오늘 우리가 누리지 못한다면, 우리 자녀, 다음 세대에게 최소한 시작이 무엇이고, 시행착오가 무엇인지 말해 줄 수 있어야 합니다. 우리는 최소한 마중물이 되어야 합니다. 특히 건강한 교회에 있지 않은 우리라면 우리의 병든 교회, 영양실조로 무기력한 교회를 건강하게 하기 위해 더욱 애통해하는 마음과 책임감으로 진리를 사랑하고 열심히 공부해야 합니다.

독서지도map 만들기

교회에서 10년, 20년 단위의 큰 그림의 독서지도를 만들고, 각 개인이 교회의 지도 아래 개인별 수준에 맞춘 세밀한 독서지도를 그려서 공부해 나가는 것은 이상적입니다.

저는 우리가 성경과 교리의 기본기를 다지는 데 3년에서 5년 정도 시간을 쏟는 것이 현실적이며 필요하다고 생각합니다. 너무 시간이 짧으면 기본기를 충분히 다지지 못할 수 있습니다. 또 너무 늘어지면 성취감도 없이 지치기 쉽습니다.

시간에 여유가 있는 사람은 이 시간을 조금 더 단축할 수도 있겠지요. 개인이나 독서 모임 등에서 할 때는 시간을 단축하는 방향도 좋을 것입니다. 하지만 교회 전체가 이런 계획 아래 배움을 진행할 때 시간에 여유가 있는 사람들은 기본기 진도는 다른 사람들과 같이 그대로 가고, 여유 시간에는 다른 공부를 하면 더 좋지 않을까 생각합니다.

이 시간에 신앙고백과 교리문답을 충분히 소화하고, 설교를 중심으로 성경해석과 연구에 대해 충분히 배우고, 교회사 기초를 충분히 다진다면, 이후에 다른 책들을 볼 때 속도와 이해가 훨씬 나아져 더 깊은 공부를 하는 게 재미있을 것입니다.

신앙고백과 교리문답만 배워도 시간이 빠듯하고 부담되는데 언제 교회사를 공부하고, 성경 개관을 익힐 수 있을까요? 저는 교회 수련회가 이런 일에 참 적절한 프로그램이라고 생각합니다. 매년 여름 수련회는 지금처럼 각 교회가 각자의 상황과 필요에 맞게 운영하고, 겨울 수련회는 교회사를 시대별로, 또 구약개관, 신약개관처럼 성경 전체에 대한 개요를 학습하게 한다면 가능하지 않을까요? 아니면 2-3주 정도 토요일마다 기회를 마련하거나, 어떤 일주일을 정해 그 일주일 저녁 내내 이런 시간을 갖는다면 어떨까요? 저는 마음만 있으면 시간 자체는 충분히 만들 수 있다고 생각합니다.

 **잠깐**

우리는 알게 모르게 우리가 접하는 정보들과 책들과 이야기들에 끊임없이 영향을 받습니다. 그래서 미리 우리에게 영향을 줄 대상을 정해 놓는 것이 필요합니다. 이 책에서 계속해서 말씀드리는 독서에 대한 내용들이 여러분께 꼭 도움을 드릴 수 있길 원합니다.

여기서 말씀드리는 것은 단지 예시일 뿐입니다. 교회마다 각자의 환경과 필요에 따라 여러 방법으로 성경과 교리를, 또 필요한 내용들을 부지런히 가르치고 배울 것입니다.

만약 그렇지 않다면 우리는 우리 나름대로 이런 독서지도 map를 그려서 담당 목회자에게 확인을 받고, 그분들에게 지속적으로 조언과 인도를 받아야 합니다.

한 달에 책을 서너 권, 많게는 10권 이상 보는 사람도 있겠지만, 한 달에 한 권 정도만 가능한 사람도 있을 것입니다. 각자 상황에 따라 평생 읽을 수 있는 책의 수를 계산해 보는 것도 독서지도map를 그리는 데 도움이 됩니다.

만약 한 달에 한 권 책을 읽을 수 있다면, 우리는 10년 동안 120권을, 20년 동안 240권을 읽을 수 있습니다. 청소년 때 기본기를 다졌다면(물론 교회에서 신앙고백과 교리문답에 대한 공부는 계속해서 반복할 것이지만) 청년 때부터는 개인의 관심과 필요, 그리고 건강과 균형을 위해 교회의 지도를 받아 특정한 책들을 좀더 깊이 읽어 나갈 수 있습니다. 25세부터 시작하여 65세까지 부지런히 읽는다고 할 때 단순계산하여 40년 동안 거의 500권의 책을 읽을 수 있습니다. 한 달에 두 권씩으로 계산하면 1,000여 권이 됩니다. 생각보다 많은 숫자가 아닙니다. 그래서 우리는 그때그때 손에 잡히는 책들을 읽기보다 계획해서 체계적으로 책을 읽어 가야 합니다. 40대 전후의 그리스도인이 이렇게 책을 읽어 가기 시작한다고 했을 때를 생각하면 우리는 계획표를 세우고, 독서지도를 그려서 책을 읽는 것이 정말 필요하다고 느낍니다.

　1주일에 1권씩 읽을 수 있는 사람은 1년에 50권, 10년 동안에는 500권, 20년 동안 1,000권을 읽을 수 있습니다. 그런데 사실 이 권수들은 다회독을 하지 않고 한 번씩만 읽는다고 가정할 때의 수입니다. 어떤 책들은 한 번만 읽어도 되지만, 어떤 책들은 여러 번 읽어야 합니다. 책의 권수를 생각할 때 주석과 같은 책은 예외로 해야겠습니다. 주석이나 어떤 신학 책들은 평생 다 완독하지 못한다 해도 언제든 참고하여 공부하기 위해 소장하기도 해야 합니다.

　저는 목사와 교수, 장로가 아닌 성도들은 1,000권이 최대치가 아닐까 합니다. 200-300권 정도를 최대치로 잡아도 충분하다고 생각합니다. 이 최대치 중에서 저는 누구에게나 평생 반복해서 읽으며 배울 수 있는 좋은 책 10권이 있다고 생각합니다. 또 신앙고백과 교리문답을 제외하고 교과서라고 할 수 있는 주요한 책을 20-30권 정도 생각할 수 있을 것입니다. 또 평생 한두 명의 저자의 책을 사랑해서 읽는다고 했을 때, 우리는 모두 합쳐 평생 50-70권 정도의 책을 계속 반복해서 읽게 됩니다. 두세 번에서 다섯 번씩 반복해서 본다고 했을 때 우리가 이 외에 읽을 책의 숫자는 그리 많지 않을 것입니다. 저는 사실 50-70권의 책만으로도 우리가 신앙생활하는 데 충분하다는 생각이 들지만 여기서 한 가지 생각할 것이 있습니다. 우리가 처음 시작할 때 이 50-70권의 책을 정하고 시작할 수 없다는 것입니다. 한두 명의 저자에게 빠지는 것은 어느 정도 독서가 진행된 이후일 것입니다. 교과서가 될 만한 책들 가운데서도 각자 선호하는 책이 다를 것이기 때문에 반드시 어떤 책이어야 한다고 강제할 수 없습니다.

많은 것이 불확실합니다. 그래서 우리는 처음 시작할 때 독서지도map의 뼈대 정도만을 생각할 수 있습니다. 이후 계속해서, 여러 도움을 받아, 또 어떤 특별한 저자나 책과의 만남을 통해, 시행착오들을 거쳐 가며 각자의 독서지도를 그릴 수 있을 것입니다.

물론 확실한 것도 있습니다. 신앙고백과 교리문답 등입니다. 지금까지 말한 내용을 잘 기억하여 각각의 독서지도를 그려야겠습니다.

이 이야기를 책을 읽을 때마다 생각할 필요는 없습니다. 정말 머리가 아프겠지요. 처음 시작할 때는 교회의 인도에 따라 기본기를 다지는 데만 전념합니다. 그러면 나머지는 계속해서 교회의 지도 아래 시간과 경험으로 완성되어 갈 것입니다. 중요한 것은 기본기입니다. 무슨 일이든 기본기를 다지는 것이 아주 중요합니다. 기본기를 충실히 다지게 되면 이후 독서의 방향과 방법 등이 아주 쉽게 해결됩니다.

 **잠깐**

계획을 세울 때 목표가 구체적이어야 실천도 구체적으로 할 수 있습니다. 올해 50권을 읽겠다는 계획은 너무 막연합니다. 좋은 책을 읽을 수도 있지만, 꼭 읽을 필요가 없는, 굳이 안 읽었어도 되는, 괜히 읽은 책들이 있을 수 있습니다.

계획을 세우는 일 자체가 너무 막연하게 느껴지고 부담될 수 있을지도 모르겠습니다. 그러나 처음뿐입니다. 이제까지 안 해 왔기 때문에 그렇게 느껴지는 것입니다. 사실 우리는 우리가 중요하게 생각하는 일들에 대해 자연스럽게 계획을 세우고 그에 따르며 살아가고 있습니다. 처음에는 혹 계획 세우는 것 자체가 어려울지 몰라도 일단 미완성이라도 계획 자체를 세워 보는 것은 의미가 있습니다. 일단 세워 놓은 계획을 따라서 실천해 가면서 아직 계획하지 못한 부분들을 채워 가는 것도 아주 좋은 방법입니다.

중요한 것은 우리에게 한정된 노력과 시간을 가지고 최대한 노력하는 것입니다. 그 일에 계획표를 짜는 것, 독서지도를 그리는 것이 꼭 필요하고 아주 중요한 일 중 하나입니다.

첫 번째 예

큰 그림을 그리고서 세밀하게 시간 계획표를 짭니다. 3개월, 6개월, 1년 단위로 계획을 짜면 낭비하는 시간 없이 시간을 다스리며 책을 읽을 수 있습니다. 방법은 사람수만큼 다양할 것입니다.

기본기를 다진 이후로 가정할 때, 특정한 주제를 3개월 동안 한 권의 책으로 집중해서 공부하는 방법을 생각해 봅니다. 기독론(예수 그리스도에 관한 성경의 진리)을 다루는 책 중 교과서가 될 만한 책을 택해서 2개월 2주 동안 집중해서 공부합니다. 이때 필요에 따라 관련 참고도서들을 같이 봅니다. 이 참고도서들은 필요한 부분만 봐도 충분합니다. 모든 책을 다 완독할 필요는 없으니까요. 이렇게 책을 읽으면 선택한 교과서 한 권만 봐도 충분합니다.

그리고 2주는 복습합니다. 이미 읽었던 책을 바로 이어서 다시 보면 시간과 노력을 크게 들이지 않고 쉽게 복습할 수 있습니다. 사실 복습부터가 공부라고도 할 수 있고, 그때부터가 시작이라고 말할 수도 있습니다. 복습을 할 때 우리는 우리가 무엇을 알고, 또 무엇을 모르는지 알게 되기 때문입니다.

길게 잡아서 1년 동안 한 권의 책을 충분히 공부하는 상황도 생각해 봅시다. 존 프레임의 『신론』(개혁주의신학사)을 예로 들어 봅시다. 이 책은 1,176쪽 분량입니다.

1월에는 가볍게 책을 훑어봅니다. 다 읽는다고 할 때는 하루에 40쪽씩 읽으면 되는데, 그게 부담되면 차례를 보고 관심 있는 부분만 읽어 봐도 좋습니다.

2월부터 본격적으로 본다고 할 때 10월까지 공부합니다. 한 달에 130쪽을 읽으면 되고, 하루에 4-5쪽씩 공부하면 됩니다. 즉 하루에 하나 혹은 두 개의 개념이나 내용에 대해 공부한다고 생각하면 됩니다. 이미 기본기를 다진 이후이기 때문에 이해가 어렵거나 분량이 부담되지 않을 것입니다. 다른 참고도서들을 함께 보면서 같이 정리하면 재미도 있고 공부도 더 풍성해집니다. 책의 여백의 존재 의미가 여기에 있습니다.

그리고 11월, 12월 두 달은 복습합니다. 좀더 중요하다고 생각하는 부분, 좀 미진했던 부분들을 중심으로 복습하면 이 책을, 또는 이 주제에 대해 충분히 공부했다고 말할 수 있을 것입니다.

두 번째 예

신앙고백서의 경우 1년 동안 어떻게 보면 좋을까요? 수많은 방법 중 하나를 여러분과 함께 고민해 보고자 합니다.

1월 첫 주, 또는 둘째 주까지 신앙고백서 내용 전체를 서너 번 읽습니다. 교회나 모임에서 다 같이, 또는 돌아가면서 소리 내어 읽어도 좋습니다.

목차만 보고 바로 공부를 시작할 수도 있겠으나 제 생각에는 목차만 보는 것과 실제 내용까지 보는 것은 다릅니다. 신앙고백서의 내용을 아무것도 모르는 사람일지라도 교회나 모임에서 중간중간 간단한 설명을 더해 주면 충분히 큰 그림을 그릴 수 있을 것입니다.

이제 셋째 주부터 진도를 나갑니다. 웨스트민스터 신앙고백서의 경우 총 33장이니 한 장을 한 주 또는 두 주에 걸쳐 공부하면 됩니다. 이때 충분히 복습합니다.

주일에 교회에서 1장을 공부했다고 치면, 월요일부터 금요일까지는 매일 복습합니다(하루라도 좋습니다). 1장에 있는 10항 전체를 매일 읽습니다. 읽으면서 그 의미를 생각해 봅니다. 명쾌하지 않은 부분은 주일에 했던 강의나 책의 설명 부분 등을 찾아봅니다. 그냥 하루에 한두 번 정도 낭독하거나 읽어 보기만 해도 충분한 복습이 됩니다. 토요일에는 오는 주일에 다룰 2장을 역시 한두 번 읽어 보면서 어떤 내용이 다루어질지 눈에 담아 둡니다. 더 욕심내서 할 수도 있겠지만 이 정도만으로도 충분합니다.

여름까지 이렇게 공부해 나가다가 7−8월쯤 따로 시간을 두고 전반기 내용을 복습하고 후반기 내용을 한 번 읽어 봅니다. 이때 이렇게 읽으면 내용들이 확실히 다르게 다가옵니다. 전반기 때 공부한 내용들을 외워서 말할 정도까지는 아니어도 어떤 내용이 어디에 있고, 무슨 의미인지를 대부분 이해하고 기억하게 됩니다. 그래서 후반기 내용이 쉽게 다가옵니다. 후반기 내용은 읽기만 해도 어떤 부분들은 그냥 깨달아지기도 합니다. 기대가 되고, 재미가 있습니다.

이런 식으로 연말에 한 번 정도 더 복습하면 우리는 신앙고백과 가족이 됩니다. 함께 살아갈 수 있습니다.

저는 이 공부들이 가급적 독서 모임으로 진행되는 것이 좋다고 생각합니다. 친구끼리의 식사교제라도 좋습니다. 독서 모임이라는 방법은 우리의 생각을 정리하고 말하고 다른 사람의 이야기를 들으면서 배울 수 있는 아주 좋은 방법입니다.

무엇을 읽을까요

신중한 책 선택

우리가 굳이 자유주의자나 이단의 책을 읽을 필요가 없듯이 건강하지 않은 책들, 시류에 편성해서 인기를 얻으려는, 또 감각만족적인 책들에 굳이 시간을 들일 필요는 없습니다.

복음주의적인 책이라고 모두 좋은 책은 아닙니다. 물론 되도록 많은 것을 직접 읽어 보고 들어 보고 판단하는 것, 경험하고 판단하는 것이 객관적이고 편견에 사로잡히지 않게 되며 포용적이라고 말할 수도 있겠습니다. 우리는 다른 사람에게서 이런 이야기를 듣지 않아도 우리 자신에게 늘 이런 유혹을 받습니다.

그러나 우리는 거듭난 후에도 오류와 거짓을 좋아할 때가 많습니다. 우리는 성경에서 무엇을 말하고 어디까지 말하느냐보다는 우리에게 더 그럴듯한 것, 우리에게 좋은 것, 실제 우리에게 도움이 된 것을 기준으로 삼아 판단할 때가 많습니다. 우리의 지성도 유한해서 많은 제한이 있습니다.

무엇보다 진리가 우리가 연구해서 다다른 철학이 아니라 하나님께서 계시하신 것이기 때문에 책을 선택해서 읽는 것이 필요합니다.

한때 저는 헨리 나우웬이나 유진 피터슨, 리처드 포스터와 같은 사람들의 책을 즐겨 읽었습니다. 헨리 나우웬의 경우는 당시 국내에 소개된 모든 책(스무 권 이상)을 최소 두 번씩, 평균 서너 번씩, 어떤 책은 열 번 이상 읽을 정도로 좋아했습니다. 당시 제가 보기에 그의 통찰력은 보기 드문 것이었습니다. 그는 저에게 여러 유익을 주었습니다. 사람들이 제 별명을 헨리 나우웬이라고 말할 정도로 저는 그의 책을 많이 인용했고, 제 말과 글에서 그의 문체가 나타났습니다.

하지만 성경을 더 알아 갈수록 뭔가 부족하고 불편했습니다. 그리고 교리와 교회역사를 배워 가면서 그들과 자연스레 멀어졌습니다. 그들이 말하는 죄, 그리스도의 구속의 가치, 성경의 권위와 영감 등의 개념은 성경에서 말하는 것과는 거리가 있었습니다.

성경에서 말하는 것과는 거리가 먼 내용의 책들이 여전히 많이 출간되고 팔리고 있습니다. 그런데 그런 책들이 갖고 있는 문제점을 이야기하면 그래도 좋은 내용이 있다고, 여러 유익을 준다고 말하는 사람들이 있습니다. 저는 정말 궁금합니다. 정말 여러 유익을 주는 것, 좋은 내용이 있다는 것이 책

선정 기준이라면 더 안전하고 건강하고 훨씬 성경에 철저한 책을 고르는 것이 맞지 않습니까? 왜 문제가 있는데도, 특히 어떤 책들은 성경에 반하고 그리스도와는 아무 관계가 없는데도, 끊임없이 문제점이 지적되고 있는데도 계속 읽을 가치가 있다고 하는 것일까요? 저는 우리가 책의 가치를 실제로는 성경에 부합함, 내용의 건강함에 두지 않기 때문이라고 생각합니다.

제가 그랬던 것처럼 많은 사람이 좋은 책이 무엇인지 모르고 책을 읽습니다. 믿음이 연약할 때는 우리에게 유익을 주는 책이 좋은 책이 됩니다(이 말 자체가 틀린 것만은 아닙니다). 하지만 우리는 진리의 사람들입니다. 하나님께서 말씀하신 것을 바르게 풀어 주고 적용해 주는 책이 좋은 책입니다. 혹 지금 당장은 그런 책들이 우리에게 이해하기 어렵게 보이고, 우리에게 유익이 아니라 짐을 주는 것처럼 보이고, 해야 할 일을 많이 주는 것 같아 보일 수 있습니다. 하지만 사실은 이런 책이야말로 우리에게 진짜 유익을 줍니다.

건강하지 않은 책을 두둔하는 사람들이 자주 하는 말이 "읽어 보고 판단하라"입니다. 물론, 이 말 자체는 좋은 말이고 필요한 말입니다. 하지만 어떤 사람들은 이 말을 합당하지 않게 사용합니다. 교회에서 "읽어 보고 판단하라"는 말은 기본적으로 목사와 교수에게 해당됩니다. 하나님께서 교회에 주신 이 직분은 무엇이 성경에 부합한지, 무엇이 성경에서 먼 지를 분별해 줍니다. 우리 일반 성도는 읽어 보고 판단하기 가 어렵습니다. 판단할 수 있는 지식과 경험이 부족할 때가 많기 때문입니다. 우리는 이미 검증받은 좋은 책들도 다 읽기 에 시간이 부족합니다. 읽어 보고 판단해야 하는, 논란이 많 은 책들은 검증이 필요하고 이 검증은 목사와 교수에게 맡기 는 것이 맞습니다. 그러니 우리는 그런 책들에 지나치게 관심 을 두지 말고, 우리가 충분히 검증할 수 있는 것처럼 생각하 지 말고 검증이 충분히 이뤄지기까지 기다리는 것이 좋습니 다. 두둔하는 분들도 어떤 태도가 진리와 교회를 위해 좋은 것인지 다시 한 번 생각해 보셨으면 좋겠습니다. 두둔하시는 분들이 개인적으로 깊이 공부하시는 것을 우리가 뭐라고 할 수는 없겠지만, 판단 자체가 힘들고, 믿음이 연약한 지체들에 게 지금 검증이 필요하고, 검증이 한창 진행 중인 책들을 아 무 안전장치 없이 추천하는 것은 옳지 않다고 생각합니다.

 **잠깐**

한편 어떤 분들은 책을 판단하는 기준이 너무 좁습니다. 특정 시대, 특정 지역의 책만이 가치 있다고 말하며 이후의(다른) 대부분의 책을 무가치하게 생각합니다. 기독교 출판사들이 그 가치 있는 책들을 왜 출판하지 않느냐고 말합니다. 오늘날 그래도 건전한 책으로 분류되는 책들을 읽는 사람들마저도 비판합니다. 저는 궁금합니다. 그렇게 좋다면 왜 출판사를 설립한다거나, 번역을 한다거나, 소개하는 책을 쓴다거나 하는 노력들을 별로 하지 않는 것일까요?

많은 기독교 출판사가 빚 가운데서 출판사를 운영합니다. 비록 수입은 별로 없지만, 아니 오히려 빚은 늘어가지만 좋은 책을 소개해야겠다는 사명감으로 일을 합니다. 출판사에서 일하는 많은 사람이, 또 직접 글을 쓰든 번역으로 책을 소개하든 출판과 관련한 많은 사람이 단지 직업이기 때문에 이 일들을 하고 있지 않습니다. 독자들도 억울합니다. 좋다고는 하는데, 교회사 책을 보니 정말 좋은 것 같은데 책임지고 소개해 주는 사람이 별로 없습니다. 언어상의 이유로든, 재정상(책을 출판하는 것에 비해 판매는 거의 없어 겪는)의 이유로든 책을 접하기가 힘듭니다. 아무 책도 읽지 말아야 할까요? 언제까지 기다려야 하나요?

　또, 하나님께서는 섭리하지 않으시나요? 특정 시대, 특정 지역의 책들만이 가치 있다면, 다른 시대, 다른 지역에서 하나님께서는 일하시지 않았나요? 다른 시대, 다른 지역에서 특정 시대, 특정 지역의 책들의 정신과 가치를 어떻게든 자기 시대, 자기 지역에 맞춰 보려고 하지 않았을까요? 종교개혁 이후 교회가 다시 한 번 중세와 같은 시기를 겪고 있나요? 특정 시대, 특정 지역의 책들을 읽지 않은 사람들은 진리를 모르나요? 조금은 알지만 구원에서 먼가요? 당장 그 시대와 그 지역의 책들을 접할 수 없는 사람들은 어떻게 해야 하나요? 조국 교회 상황에서, 교회에서도 알려 주지 않고, 주위에서도 찾아보기 힘든 상황에서 어떻게 해야 하나요? 정말 그토록 놀라운 가치가 있다면, 그때가 교회사상 가장 영광스럽고 복된 시기라면, 지금 우리가 맛보고 있는 것보다 더욱 진한 맛이 나는 것이라면, 지금 상황에서 최선을 다하고 있는 사람들을 격려하면서, 조금씩이나마 그 탁월한 음식들을 소개해 줘야 하지 않을까요?

　부탁드립니다. 훨씬 탁월하고, 더욱 아름답고, 신앙을 비교할 수 없이 고양시키는 훌륭한 책들을 학문적인 이유로든 언어상의 이유로든 다른 어떤 이유로든 잘 알지 못하는 사람들에게 많이 알려 주십시오. 열심히 노력하는 사람들을 격려해 주십시오. 따뜻하게 기다려 주시고, 또 함께 걸어가 주십시오. 그래서 지금 우리는 이제야 알게 되지만, 우리 다음 세대는 어렸을 때부터, 젊을 때부터 그런 좋은 책들을 가까이 둘 수 있도록 함께 해 주십시오.

사람마다 다른 독서

사람은 능력과 상황과 관심 등 여러 면에서 서로 다릅니다. 세상에는 정말 다양한 사람들이 있습니다. 그래서 나에게 좋은 책이 다른 사람에게도 항상 좋은 것은 아닙니다. 어떤 사람에게는 재밌고 읽기 쉬운 책이 다른 사람에게는 그렇지 않을 수 있습니다.

또 사람마다 다 자신만의 역할과 의미가 있습니다. 책도 마찬가지입니다. 책은 모든 사람을 만족시키기 위해서가 아니라 특정한 사람들의 특정한 목적을 맞추기 위해 탄생합니다.

물론 우리가 고전이라 부르는 책들은 예외라고 해야겠습니다. 수많은 책 가운데서 손에 꼽을 수 있는 고전들은 시간의 시련을 이겨 낸 책입니다. 시대와 지역, 문화, 수준 등을 넘어 보편적인 가치와 내용을 독자들에게 전해 주고 있기에 지금까지 읽혀 왔고, 앞으로도 읽힐 책들입니다. 이런 책들은 혹 우리와 당장은 좀 맞지 않아도 언젠가 한번쯤은 즐겁게 교제할 가치가 있습니다.

어쨌든 우리는 우리가 잘 읽었다고 해서 다른 사람에게 무조건 강요해서는 안 됩니다. 우리와 좀 맞지 않는다고 해서 함부로 판단하고 말해서도 안 됩니다.

다음과 같은 경우도 생각해 볼 수 있습니다.

"하루 만에~", "쉽게 읽는~"과 같은 제목이 붙은 책들은 신중하게 판단해야 합니다. 양이 많고 복잡한 내용을 간략하게 정리한 책들, 원전이 너무 방대하고 난해해서 입문하는 독자들을 배려한 축약판이 있습니다. 그런데 이런 책들이 때로 그 의도와는 반대로 원전 자체를 잘못 이해하게 하기도 하며, 원전이 주는 풍성하고 깊은 맛을 보지 못한 채 지나가게 할 수 있습니다. 또 이런 책들은 지루함을 없애고 독자들에게 가급적 흥미 위주로 소개하려고 하다 보니 내용이 너무 가벼워지는 경우도 있습니다. 하지만 배경지식이 부족하고, 독서를 시작한 지 얼마 안 된 분들에게는 이런 종류의 책들이 입문서로서 잘 사용될 수도 있습니다.

사람에 따라 더 잘 읽히는 책이 있습니다. 어떤 사람은 좀

더 딱딱한 문체를 선호하는 반면 어떤 사람은 부드러운, 또 이야기식의 문체를 선호합니다.

동일한 개념에 대한 설명도 책마다 조금씩 차이가 있는데 (서술 방식이나 표현법 등) 각자 더 맞는 것이 있습니다. 즉, 난도가 비슷하다고 할 때, 이 설명방식이 저 설명방식보다 더 쉬울 수 있습니다.

어떤 사람은 입문서 한 권을 계속해서 보면서 기본기를 다진 이후 본격적으로 심화공부하는 것이 더 좋은 반면, 어떤 사람은 입문서를 여러 권 보면서 기본기를 다지는 것이 더 좋을 수 있습니다.

열정의 정도도 사람마다 다릅니다. 우리는 서로 상황을 충분히 알 수 없을 때가 많습니다. 우리가 보기에는 어떤 사람이 열정이 부족한 것 같아 보여도 함부로 판단해서는 안 됩니다. 누군가가 볼 때는 우리 또한 정말 게으른 사람일 수 있습니다.

이처럼 모든 사람이 동일한 환경에서, 동일한 능력으로 책을 읽고 이해하고 소화할 수 있는 것은 아닙니다. 어떤 사람은 죽부터 먹어야 하고, 어떤 사람은 빨간 김치는 아직 어렵고, 하얀 김치부터 시작하기도 하는 것입니다. 이 사실을 기억하는 것이 우리 모두에게 용기를 주고 위로가 됩니다. 다른 사람들을 판단하지 않고 기다려 주며, 서로 함께 가게 해줍니다.

교회사 읽기

저는 오늘날 다른 분야의 책도 중요하지만, 역사책이 특히 더 사랑받아야 하고 읽혀져야 한다고 생각합니다.

성경에 있는 역사, 초대교회사도 있지만, 가깝게 종교개혁과 종교개혁의 정신을 잘 이은 17세기까지의 역사만을 보더라도 우리는 엄숙하게 됩니다. 가벼운 우리 삶을 크게 돌아보게 됩니다. 선조들의 처절한 피흘림이 있었기에 오늘의 우리가 있기 때문입니다.

오늘 우리가 보기에는 사소한 것들 때문에 그들은 매 맞고, 굶주리고, 면직당하고, 쫓겨나고, 고문당하고, 감당하기 어려운 벌금을 내고, 가족과 형제를 잃고, 죽기도 했습니다. 선조들이라고 죽음이 두렵지 않았을까요? 한두 번만 침묵하면 되는데, 가족들도 어려움 당하지 않고 크게 문제없이 살 수 있는데, 당장 달라질 건 없는데, 혹 달라진다 해도 그들 생전에는 그것들을 볼 수 없는 경우가 더 많았는데…… 무엇이 그들을 그렇게 인도했을까요?

우리가 그때 그들의 그 삶으로 들어간다면, 그들의 삶을 살 수 있을까요? 우리가 그 역사의 현장을 보고, 그곳에서 일어난 일들의 의미를 안다면 우리는 이렇게 살 수 있을까요? 아니, 이렇게 살아도 될까요?

역사를 안다는 말의 의미 중 하나는 기억한다는 것입니다. 특히 교회사를 안다는 말은 하나님께서 하신 일을 기억한다는 뜻입니다. 다시 말해 하나님께서 누구신지를 기억한다는 것입니다. 기억하는 것에서 끝나는 것이 아닙니다. 성경과 교회사가 보여 주듯 잘 기억하면 예배하게 되어 있습니다. 그래서 그리스도인에게 교회사는 중요합니다.

교회사는 하나님을 알게 해주고, 예배하게 해줍니다. 우리 시대의 거울이 되며, 오늘날 우리 앞에 있는 문제들의 정체를 파악하게 해주고, 해결책이 무엇인지 보여 줍니다. 특히 오늘날 우리 앞에 놓여 있는 문제들이 우리 시대만의 문제가 아님을 보여 줍니다. 교회 전체적인 문제든, 신자 한 명의 문제든 문제들이 교회사에서 계속해서 반복돼 왔음을 보여 줍니다. 그리고 우리 생각에 "이 문제는 이렇게 하는 게 맞을 거야", "저 문제는 저렇게 해야지" 하는 것들이 실제로는 어떤 의미를 지니고, 어떤 결과를 도출하는지 보여 줍니다. 우리의 의도대로 좋은 결과가 나오기도 하지만, 선한 의도와는 달리 실제로는 교회가 무너지고 영적으로 쇠퇴하는 일들이 일어날 수 있음을 교회사가 가르쳐 줍니다.

이런 이유 때문에 성경 해석과 신학적인 논쟁에서 교회사를 아는 것은 중요합니다. 저는 심지어 우리가 교회사를 모른다면 아무 말도 하지 말아야 한다고까지 생각합니다. 상대방은 성경과 교회사의 증거를 가지고 이야기하는데, 우리는 성경도, 교회사의 증거도 갖지 못한 채 "내 생각에 좋고 옳아 보이니까", "실제로 유익이 있었으니까"와 같은 이유로 토론해서는 안 되겠습니다.

어떤 이유로든 과거 신앙의 유산을 받은, 그리고 현재를 살아가고 있는, 또 다음 세대에 오늘의 교회의 생각과 선택과 결과를 알려 줘야 하는 우리는 겸손히, 부지런히, 계속해서 교회사를 공부해야겠습니다.

유명한 교회사 책 중 〈필립 샤프 교회사 전집〉(전8권, 크리스찬다이제스트)이 있습니다. 내용이 깊고 방대해서 아주 좋지만 일반 성도의 집에서 반드시 구비하기에는 부담이 큽니다. 집집마다 필립 샤프 교회사 전집을 꽂을 필요는 없겠지만 적어도 교회사 전체를 어느 정도, 건강한 사관을 가지고 다루는 책이 있어서 언제든지 찾아보고 확인할 수 있어야 할 것입니다. 또 적어도 종교개혁부터 오늘까지 이어지는 교회사를 반복해서 공부하여 오늘 우리 시대의 문제들을 바르게 판단하는 것은 물론, 우리 역사가 다음 세대에게 귀감이 되도록 노력하는 것도 구원받아 하나님을 아는 우리의 책임과 의무입니다.

교회사도 책마다 목적과 관심이 다르기 때문에 절대적인 책은 없습니다. 그래서 어느 한 권만을 절대적으로 신뢰하기보다는 서로 비교하면서 볼 수 있는 책 두세 권 정도를 구비하여 함께 보는 것이 좋은 것 같습니다.

일단 입문서 몇 권을 가볍게 읽으며 교회 역사의 큰 줄기를 익힙니다. 어떤 인물들이 있었는지, 특정한 신학들이 왜 나타나게 되었는지, 어떤 사건들이 있었는지 큰 그림만 그릴 줄 알면 됩니다. 남들에게 설명할 수는 없더라도 누군가가 말하면, "아, 그거" 하고 이해할 수 있으면 충분합니다.

(완벽한 목록을 제시하는 것이 아니므로 참고만 하세요.)

『교회사의 보화』(제프리 빙햄, IVP)

『네덜란드 개혁교회 이야기』(이성호, 그 책의 사람들)

『세상을 바꾼 종교개혁 이야기』(스티븐 니콜스, 부흥과개혁사)

『유스토 곤잘레스의 간추린 교회사』(유스토 곤잘레스, 은성)

『꺼지지 않는 불길』(마이클 리브스, 복 있는 사람)

(이 책은 범위가 종교개혁에 제한돼 있지만 입문서로 좋은 책이며, 본격적으로 공부할 교과서에 포함돼도 좋은 책입니다.)

이제 본격적으로 공부할 교과서들입니다.

『기독교 교회사』(김영재, 합동신학대학원출판부)

『기독교회사』(윌리스턴 워커, 크리스챤다이제스트)

『세계교회사』(롤란드 베인턴, 크리스챤다이제스트)

『한국교회사』(김영재, 합신대학원출판부)

『현대인을 위한 교회사』(브루스 셸리, 크리스챤다이제스트)

서점에 가셔서 비교해 보시고 이 중 두세 권을 선택하여 가급적 계획해서, 또는 시간이 날 때마다 읽습니다.

단권이 아닌 시리즈로 되어 있는 책들도 있습니다. 분량이 제법 되지만 시간에 여유가 있으신 분들은 시리즈를 선택하시는 것도 좋습니다.

도서출판 그리심에서 출판한 서요한 교수님의 책들은 사

관이 건강하고 내용이 깊이 있고 풍성합니다.

『초대교회사』

『중세교회사』

『종교개혁사』

『스코틀랜드 교회와 한국장로교』

이렇게 네 권이 있는데, 분량이 제법 됩니다. 최근 부흥과개혁사에서 우리 일반 성도를 대상으로 초대/중세/종교개혁/근대/현대교회사의 다섯 시대로, 시대마다 2권씩 해서 총 10권으로 만화 교회사 시리즈를 기획하고 그중『만화 초대교회사』1, 2를 먼저 출판했습니다.

라은성 교수님의『이것이 교회사다』도 좋습니다. PTL출판사에서 현재,

『이것이 교회사다―진리의 보고: 초대교회사편』

『이것이 교회사다―묻어둔 진리: 중세교회사편』

『이것이 교회사다―진리의 재발견: 종교개혁사』

이렇게 세 권을 출판했습니다. 내용이 쉽고 유익하다는 점이 특징입니다.

그런데 우리는 앞서 신앙고백과 교리문답을 중심으로 성경의 가르침을 체계적으로 공부하는 데 이미 우리 시간 대부

분을 할애했습니다. 교회사는 언제 공부할 수 있을까요? 너무 부담됩니다!

우리 일반 성도는 교회사를 강의할 것도 아니고, 누군가와 대화할 때 연도와 사건과 인물을 자세하고 정확하게 언급하며 토론할 것도 아니므로 너무 많은 부담을 갖지 않기로 합니다. 다만 우리가 필요한 경우 관련 주제가 교회사 어느 부분에 있고, 우리가 어떤 인물에게서 확인하면 되는지를 찾아볼 수 있을 정도로만 익숙해지면 되지 않을까 싶습니다.

교리보다는 여러 면에서 부담이 훨씬 적으므로 할 수만 있다면 주일(우리 선조들은 하나님을 예배하고, 동료 그리스도인들과 교제하고, 성경을 더 깊이 공부하고, 기도하고, 신앙서적을 읽으며 주일을 보냈습니다)에 따로 시간을 할애하는 것도 좋을 것 같습니다. 주일 저녁 시간은 가족들과 함께하고 시작되는 한 주를 준비해야 하니 이른 오전 시간은 어떨까요? 아니면 토요일 오후나 저녁 시간도 좋을 것 같습니다.

매주 책을 보는 것이 부담되면 2주에 하루 정도는 읽을 수 있게 계획합니다. 흐름을 잃지 않고 꾸준히 읽는 것이 중요하기 때문입니다.

교회사를 주제로 소그룹, 독서 모임에서 책을 나눌 수 있다

면 2주에 한 번, 또는 한 달에 한 번 정도로 모여서 공부하는
것도 아주 좋은 방법입니다.

아래 계획표는 한 달에 한 번 독서 모임을 하고, 책은 매주
하루 정도는 읽을 수 있다는 가정 하에 구성해 본 것입니다.

3개월을 목표로 주제는 종교개혁사로 하고, 『현대인을 위
한 교회사』(브루스 셸리)를 기본서로, 『종교개혁사』(서요한)를
보조도서로 하며, 모임은 매월 마지막 주입니다.

3월	1주	**24장 포도원 속의 멧돼지: 마르틴 루터와 프로테스탄티즘** • 『종교개혁사』 4–5장
	2주	**25장 철저한 제자의 길: 재세례파** • 『종교개혁사』 13장
	3주	**26장 하나님의 주권적 선물: 존 칼빈** • 『종교개혁사』 6–8장
	4주	모임
4월	1주	**27장 왕실 위의 저주: 영국 성공회** • 『종교개혁사』 10장
	2주	**28장 만례사의 또 다른 사람: 가톨릭 측의 개혁 운동** • 『종교개혁사』 14, 17장
	3주	**29장 바위를 뚫고: 아메리카와 아시아** • 『종교개혁사』 15–16장
	4주	모임

	1주	**30장 성도들의 통치: 청교도주의** · 『종교개혁사』 11장
5월	2주	**31장 교파들의 등장: 옛 사상을 위해 희생하지 않다** · 『종교개혁사』 9, 12장
	3주	· 『종교개혁사』 1—3, 18장
	4주	모임

필요한 경우 필립 샤프 교회사 7권 『독일 종교개혁』, 8권 『스위스 종교개혁』, 『이것이 교회사다—진리의 재발견: 종교개혁사』를 참고합니다.

여기에 복습과 시험 등을 추가하면 좋은 공부가 될 것입니다.

만약 1년 동안 꾸준히 공부하는 것이 어렵다면 위 계획표처럼 3—4개월 동안 특정 주제에 대해 공부하고 정리할 수 있게끔 단기계획을 세우는 것도 좋습니다. 학기제처럼 1년에 한두 번 정도 이렇게 집중해서 정리할 수 있는 시간을 따로 갖는 것도 의미가 있습니다.

위 계획표가 부담되시는 분은 보조도서 보는 것을 제외하거나, 전체 시간을 배로 늘려서 6개월 동안 공부하시면 됩니다. 이 역시 개인이나 소그룹에 맞게 하면 됩니다.

한 사람 읽기

신앙전기를 읽거나 경건이 빛나는 누군가를 보면 우리는 그를 닮고 싶어합니다. 하나님께서 그들에게 베풀어 주신 은혜와 그들의 삶을 소망하고 부러워하기도 합니다. 그들이 하나님을 얼마나 사랑했는지(하는지)를 보고 부끄러워하기도 하면서 간절한 열망에 사로잡힙니다. 또 그들이 하나님을 어떻게 사랑했는지(하는지)를 보고 여러 방법으로 따라하려 합니다. 그들의 삶이 사실상 하나님의 전적인 은혜이므로 그대로 따라한다고 해서 우리가 똑같이 살 수 있는 것도 아니고 똑같이 살 수도 없지만, 우리는 그런 사람들의 신앙과 삶에 큰 영향을 받습니다. 사람은 함께하는 사람이든, 책을 통해서든 다른 누군가를 모델로 삼고 성장합니다. 성경과 교회사를 보면 이것은 하나님께서 교회와 가정에서 이 세대의 믿음의 유산을 다음 세대에 전하실 때 사용하신 방법 중 하나입니다.

디모데와 같은 사람들을 생각해도, 또 실제 우리가 주위에서 볼 수 있는 것처럼 부모는 가장 위대한 신앙전기이자 모델입니다. 부모는 우리가 본받고 싶어하는 다른 사람들과 비교했을 때 크게 두드러지지는 않을지도 모릅니다. 하지만, 신앙의 모든 기초를 우리는 부모에게서 배웠습니다. 지금도 배우며, 앞으로도 계속해서 그럴 것입니다. 평생의 함께함. 하나님의 사랑과 닮은 부모의 사랑, 섬김과 지도. 이것들은 하나님께서 우리에게 부모를 주신 이유이자, 우리를 부모로 부르신 뜻입니다.

하나님께서는 또한 교회에도 좋은 사람들을 주셔서 우리를 자라게 하십니다. 교회사를 보면 신앙의 선조들이 그들의 이전 선조들에 대한 책(전기든 평전이든)들을 통해, 또 위대한 스승을 만나 신앙이 크게 변화된 이야기가 많습니다.

하나님께서 사용해 오신 전기들은 단지 그 사람을 주인공으로 한 책이 아닙니다. 이 책들에는 하나님의 은혜와 섭리, 교회에 대한 사랑, 진리에 대한 깨달음과 열망 등이 가득 담겨 있습니다. 그들의 고민과 판단은 오늘을 사는 우리에게 귀감이 되어 우리가 더 나은 것을 바라보고, 더 성경적인 것을 보게끔 돕습니다. 사실은 우리와 다를 바 없는 사람들이 어떻게 하나님을 사랑하게 되었고, 얼마나 하나님을 사랑하며 살았는지를 보면서, 또 그들이 어떤 상황과 환경 가운데서 어떻게 하나님의 말씀에 반응하고, 어떻게 진리를 지켜 내고 고백했는지를 보면서 우리는 신앙이 무엇인지 봅니다. 신자의 삶을 생각합니다. 교회를 품습니다. 거룩함을 추구합니다. 또 그들이 남긴 책들을 통해서도 우리는 동일한 도움을 받습니다.

제 경우는 제게 가장 먼저 영향을 준 인물이 프란시스 쉐퍼와 마틴 로이드존스였고, 이후 가장 큰 영향을 준 인물은 조나단 에드워즈와 존 칼빈인데 이들이 바로 제게 그런 도움을 주었습니다. 이분들이 제게 보여 준 것은 하나님을 사랑하는 것과 진리(말씀)를 사랑하는 것이 동일하다는 사실이었습니다.

"왜 내게는 이런 소망이 없을까?", "왜 내게는 이런 영적 불만이 없을까?", "왜 나는 이들처럼 하나님을 사랑하지 않나?" 이분들을 통해 저는 이런 질문들을 던지게 되었고 무엇보다 하나님에 대한 사랑과 거룩함을 가장 많이 생각하고 소망하게 됐습니다. 진리에 대한 공부도 더 많이 하기 시작했고, 이후 지금까지 멈춘 적이 없습니다. 그들이 제게 준 마중물은 지금도 계속 머물러 있습니다.

청교도들을 비롯한 선조들의 이야기도 우리가 진리를 왜 무겁게 대해야 하는지, 그렇지 않을 때 교회가 어떻게 타락해져 가는지를 제게 보여 줬습니다. "그리스도인은 어떻게 살아야 하는가?"라는 질문을 던지면서 살게 하고 있습니다.

한 사람을 읽는다는 것은 크게 두 가지로 볼 수 있을 것입니다. 하나는 그 사람을 읽는 것이고, 다른 하나는 그 사람의 책을 읽는 것이죠.

우리는 좋은 전기를 지속적으로 읽음으로써 긍정적 긴장감으로 우리의 신앙을 자극할 수 있습니다. 우리의 영적, 지적 근육이 느슨해질 때, 신앙을 향한 우리의 열정이 줄어들 때 이 긴장감들은 우리에게 거울과 귀감이 되어 도울 것입니다.

또 그들의 책을 읽음으로써 우리는 하나님을 더욱 알게 됩니다. 그들의 특별 과외, 시대와 지역과 시간의 시련 등을 이겨 낸 특강을 통해 우리는 하나님과 성경을 더욱 깊이 알게 되고 사랑하게 됩니다.

교회 역사든, 일반 역사든 한 사람의 삶과 그가 남긴 탁월한 작품은 사람을 변화시키는 아주 강력하고 탁월한 방법입니다. 그래서 저는 "한 사람을 읽기"가 아주 의미 있는 독서일 뿐만 아니라 꼭 필요한 독서라고 생각합니다. 한 사람이 신앙의 선조 한 분만큼은 자기의 모델과 멘토로 삼고 평생 그를 디딤돌 삼아 신앙생활하는 것이 좋고 또 필요하지 않나 생각합니다. 우리의 선조들이 그랬듯이 말입니다.

한 사람 읽기 독서지도map

우리가 어떤 한 시대와 인물 등을 깊이 연구하는 게 아니라

면 일단 신앙전기는 우리가 공부하듯이 집중해서 읽을 필요
가 없다는 것을 짚고 넘어가야겠습니다. 따라서 전기만을 생
각할 때 우리는 따로 시간을 낼 필요가 없습니다. 지하철로
등하교하거나 출퇴근하는 분들은 이런 시간을 잘 활용하시
면 한 달에 한 권에서 많게는 서너 권까지 읽으실 수 있습니
다. 이 시간을 전기만을 읽는 데 사용할 필요는 없으니 한 달
이나 두 달에 한 권 정도가 좋아 보입니다.

누군가와 만나기로 약속하고 약속장소에서 기다릴 때도
전기는 좋습니다. 만나자마자 방금 읽은 부분을 이야기하는
것은 책을 더 잘 읽는 방법입니다. 아마 자연스레 그러고 싶
으실 것입니다.

저는 처음부터 의도했던 것은 아니었으나 지나고 보니 크
게 두 가지 방법으로 전기를 읽어 왔습니다.

매달 한 명의 인물을 정해서 1년에 7권에서 12권 정도 읽
었습니다. 1년에 꼭 12권이 아닌 이유는 전기나 평전 중 제법
두께가 되는 책들은 두세 달로 나눠서 읽었기 때문입니다.

사실 전기가 많지 않기도 하고, 그중에서도 신학적으로 건
전하고, 신앙과 인격에서 본이 되는 인물을 선별하면 읽을 만
한 전기가 그리 많지는 않습니다. 그래서 1년에 6권씩만 읽어

도 수년 후에는 국내에 소개되어 있고 괜찮은 전기는 다 읽을 수 있습니다.

저는 전기를 처음 읽으시는 분들이 처음에는 한두 달에 한 명씩해서 수년 동안 여러 사람을 만나 보는 것도 좋다고 생각합니다. 그 시간 동안 전기는 물론이요, 진리에 대한 공부를 꾸준히 했다면 나름대로 독서의 목표와 방향이 잡힐 것입니다. 그러면 그때부터는 특정한 사람을 목표로 집중해서 독서를 시작하는 것도 좋은 방법이라고 생각합니다.

저는 이제부터 말씀드릴 두 번째 방법으로 먼저 시작했고, 어느 정도 시간이 지난 후에 앞서 말씀드린 방법을 함께 적용했습니다.

독서를 본격적으로 처음 할 당시에는 필요나 흥미로 전기를 몇 권 읽었습니다. 그러다가 2003년에 『조나단 에드워즈처럼 살 수는 없을까』(부흥과개혁사)를 읽고 저는 조나단 에드워즈에 푹 빠지게 되었고 이후에 에드워즈의 책들을 시간이 날 때마다 읽었습니다. 에드워즈는 저에게 아주 많은 영향을 끼쳤고 그래서 저는 에드워즈를 인간적으로 더욱 많이 알고 싶어졌습니다. 그가 쓴 책이 아닌 그에 대해 알 수 있는 방법은 그에 관한 전기, 그에 관한 다른 사람들의 소개였습니다.

그래서 저는 『조나단 에드워즈처럼 살 수는 없을까』를 여러 번 읽었고, 이후에 에드워즈의 삶과 관련된 책들이 나올 때마다 그 책들도 여러 번씩 읽었습니다. 한 인물에 대한 전기라도 책마다 내용이 다양했기 때문에 읽는 즐거움이 컸습니다. 어떤 때는 이 전기를 읽으며 궁금한 것이 다른 전기를 읽으며 해결된 적도 있습니다. 외우려고 하지 않았지만 저는 에드워즈가 몇 년도에 태어났고 몇 년도에 죽었으며, 중요 연도에 무슨 일들을, 왜 했는지에 대해 기억하게 되었습니다. 이런 배경지식들은 그가 쓴 책들을 읽는 데 큰 도움이 되었습니다.

그러면서 저는 다른 인물에 관한 책을 읽기도 했습니다. 이는 조나단 에드워즈에 관한 흥미가 그의 이전 인물까지 퍼졌기 때문입니다. 이때 제가 관심을 둔 인물이 존 칼빈과 존 오웬이었습니다. 그리고 그 때문에 조나단 에드워즈 다음에 인물 중심 독서를 한 대상이 존 칼빈이 되었습니다. 어쨌든 당시 에드워즈를 읽으면서 저는 에드워즈와 칼빈 등을 비교해서 이해하고 싶었습니다. 각자가 처한 시대적인 상황, 신학의 요구 등을 알고 그들의 삶을 바라보는 것은 무척 재미 있는 일이었고, 그들의 저술들과 그들의 영향을 이해하는 데 많은 도움이 되었습니다.

어떤 방법으로 책을 읽든 처음에는 부담 없는 책으로 시작하는 것이 역시나 가장 좋은 방법입니다. 아래는 여러분의 참고를 위해, 두 달에 한 권씩 읽는다고 했을 때 그리 어렵지 않게 읽을 만한 책으로 구성해 본 것입니다.

2월	칼빈: 순례자와 목회자(로버트 갓프리, 부흥과개혁사)
4월	조나단 에드워즈처럼 살 수는 없을까(백금산, 부흥과개혁사)
6월	로버트 맥체인 회고록(앤드루 보나, 부흥과개혁사)
8월	청교도의 황태자 존 오웬(앤드류 톰슨, 지평서원)
10월	이 사람 존 칼빈(테아 반 할세마, 성약)
12월	언약의 사람 토마스 보스톤(앤드류 톰슨, 지평서원)

한 인물과 그의 책을 읽는다는 말을 전작주의, 전작독서라는 말들로 표현합니다. 교회사에서 종종 만나는 이야기이기도 하고, 우리 주위에서도 찾아볼 수 있는 이야기인데요, 한 사람의 전집을 여러 번 읽었더니 성경을 바르고 깊이 있게 이해하게 되고, 교리에 대해 정확해지고 풍부해졌다는 것 말입니다.

한 인물의 책을 집중해서 읽는다는 것은 정말 즐겁고 신나는 일입니다. 여러 독서법에서 20–30명의 저자들의 책들을 한 번씩 보는 것보다 한 명의 책들을 여러 번 읽는 게 더 좋은 독서일 때가 있다고 말하는데, 그럴 만한 가치가 있는 저자를 만난다면 저는 정말 이런 독서 방법이 아주 좋다고 생각합니다.

현재 조국 교회 출판 상황에서 한 사람에 대한 전기와 그가 쓴 책들이 상당수 소개된 사람 중 성경에 충실하고 여러 면에서 균형잡히고 건강한 한 사람을 꼽자면 단연 존 칼빈일 것입니다.

물론 이는 저의 생각이고 사람마다 다 다를 것입니다. 어떤 사람들은 마틴 로이드존스나 조나단 에드워즈 같은 사람을 생각할 수도 있겠지요.

한 사람의 삶과 그가 쓴 많은 글이 주는 영향이 아주 클 것이므로 전작독서할 대상을 선정할 때는 반드시 교회의 지도를 받는 것이 중요하다는 것을 짚고 다음 이야기로 넘어가겠습니다.

존 칼빈을 예로 하면 다음과 같이 구성해 볼 수 있습니다.

입문서로 먼저 칼빈에 관한 책 두 권 정도를 읽고 칼빈의 대표 작품인 『기독교 강요』를 초판으로 읽습니다. 필요에 따라 두세 번 반복해서 읽는 것도 좋은 방법입니다. 세 권 정도를 보시면 칼빈이 어떤 사람이고, 그가 어떤 생각을 갖고 있는 사람인지 어느 정도 알게 됩니다.

『칼빈: 순례자와 목회자』

『이 사람 존 칼빈』

『기독교 강요』 초판(크리스챤다이제스트)

이제 본격적으로 읽습니다. 먼저 『기독교 강요』 최종판을 읽습니다. 양이 꽤 되고 칼빈 특유의 문체가 있지만, 입문 과정을 거쳤기 때문에 어렵지 않게 읽을 수 있습니다. 동시에 입문 과정에서 읽었던 전기를 읽어도 좋고, 다른 전기를 읽어도 좋습니다. 이때는 삶과 사상을 같이 소개하는 책들을 읽어도 충분히 소화할 수 있습니다. 또, 단행본으로 나온 책 몇 권이 있는데 여유가 있으신 분들은 읽어 보십시오.

『기독교 강요』 최종판(크리스챤다이제스트, 생명의말씀사, 기독교문사)

『성신의 신학자 존 칼빈』(옐레 파브르, 성약)

『칼빈의 생애와 저서들』(불페르트 더 흐레이프, SFC)

『칼빈의 생애와 신학』(빌렘 판 엇 스페이커르, 부흥과개혁사)

『존 칼빈』(T. H. L. 파커, 생명의말씀사)

『경건의 비밀』(지평서원)

『칼빈의 욥기 강해』(지평서원)

『칼빈의 십계명 강해』(비전북)

이후에(또는 동시에) 그의 주석과 설교집들을 순차적으로 읽어 갑니다.

〈칼빈 주석〉(크리스챤다이제스트, 규장)

〈칼빈의 신명기 강해 시리즈〉(서로사랑)

〈칼빈의 갈라디아서 강해 시리즈〉(서로사랑)

하나의 예로서 보여 드린 것일 뿐 역시 사람마다 다양한 순서와 방법으로 책을 읽을 수 있습니다. 제가 아는 어떤 분들은 성경공부를 하면서 칼빈 주석을 참고하다가 이후 칼빈에 매료되어 〈칼빈 주석〉과 『기독교 강요』 최종판을 먼저 읽고 나서 칼빈 전기 등을 비롯한 다른 책들을 접하신 분도 계십니다.

여러분께서도 평생 한두 명의 영적 스승을 모델로 삼고 그들과 깊이 있는 교제를 해나가시기를 바랍니다.

다음으로 넘어가기 전에 한 인물을 읽을 때 저희 모두 주의할 점 몇 가지를 나누고 싶습니다.

먼저 우리는 신앙전기를 읽을 때 주인공이 항상 하나님이시라는 것을 기억해야 합니다. 우리의 선조들을 우상으로 삼아서는 안 됩니다. 그런데 이런 일이 종종 일어납니다. 우리가 누군가를 좋아하게 되면 하나님 때문이 아니라 그 사람 때문에 책을 읽게 됩니다. 진리를 더 깊이 알고 싶어서, 하나님을 더 사랑하고 싶어서 읽게 되는 게 아니라 그가 말하는 것들이 좋아서, 그가 대단해 보여서, 우리의 지적 욕구를 자극하고 채워 줘서, 우리로 대리만족하게 해줘서 읽게 됩니다.

아닙니다. 우리 선조들의 이야기, 그들에 대한 이야기는 무엇보다 하나님께서 시작하시고 이루신 이야기입니다. 우리 선조들은 하나같이 말합니다. 자신들의 죄는 자신들의 것이고, 그들이 한 모든 선한 일은 하나님께서 하신 것이라고요. 그래서 칼빈과 같은 선조들은 자신들에 대해 말하는 것을 아꼈습니다. 그들의 목적은 자신들이 철저히 도구와 수단이 되는 것이었습니다. 우리가 신앙전기를 읽는 목적은 단 하나입니다. 본이 되는 인물들을 통해 신앙을 배우는 것입니다. 하나님을 더욱 사랑하기 위해서 말입니다.

다른 한편으로 우리는 그들을 저 높은 곳에 있는, 우리와는 거리가 먼 사람들로 생각하고 그들의 신앙고백과 삶을 특별한 것으로만 생각하기도 합니다. 그래서 "우리는 그렇게 살지 못해" 하고 말합니다. 맞습니다. 우리는 그들과 똑같이 살 수 없습니다. 그들은 하나님께서 교회를 위해 주신 특별한 사람들이 맞습니다. 하지만 그것만은 아닙니다. "하나님의 말씀을 너희에게 이르고 너희를 인도하던 자들을 생각하며 저희 행실의 종말을 주의하여 보고 저희 믿음을 본받으라"(히 13:7). 우리는 그들과 똑같이 살 수는 없지만, 그들처럼 살아야 합니다. 종종 우리가 "그렇게까지 살지 못해"라고 말할 때 마음은 "그렇게까지 살고 싶지 않아"일 때가 있습니다. 우리는 하나님께서 주신 특별한 사람들, 또 우리 옆에서 우리에게 본이 되게 하신 사람들의 본을 받아야 합니다.

하나님께서는 우리를 다른 사람과 비교하지 않으십니다. 다섯 달란트, 두 달란트, 한 달란트를 받은 사람들은 주인에게 다른 사람과 비교당하지 않았습니다. 오직 그들의 주인이 그들 각각에게 맡긴 일에 대해서만 주인과 회계할 뿐이었습니다. 그러니 우리는 '나는 그렇게까지 살지 못해', '나는 그런 사람과 달라' 하고 생각할 필요가 없습니다.

우리는 우리를 하나님의 선하신 뜻에 따라 부르신 것에 감사하고, 우리를 부르신 뜻을 생각하며 마음을 다해 하나님을 사랑하며 살면 됩니다. 그것이 어떤 모습이든, 어떠하든 마음을 다해 사랑하고, 힘써 알며 살아가면 됩니다. 하나님께서 우리를 금그릇으로 만드셨는가, 은그릇으로 만드셨는가, 토기로 만드셨는가는 우리가 알 수 있는 일도 아니고, 우리의 판단과도 거리가 멉니다. 다만 우리는 자신의 영광을 위해 우리를 깨끗한 그릇으로 사용하시는 하나님을 찬양할 뿐입니다. 이것이 그들처럼, 선조들처럼 사는 것입니다.

독서법에 대한 단상들

어떤 책을 읽느냐도 중요하고
어떻게 읽느냐도 중요하지만
읽고 나서 어떻게 하느냐가 가장 중요합니다.

1. 소리 내어 읽기

소리 내어 읽기의 장점은 여러 가지가 있습니다. 단지 소리 내어 읽기만 하는 것 같지만 표현력이 길러집니다. 의미를 깨닫게 됩니다. 단어와 문장에 대한 발성만 익숙해지는 것이 아니라 그것이 실제 자기의 표현이 됩니다. 우리나라 선조들이 소리 내어 책을 공부한 것도 그런 이유 때문이었습니다. 초등학교 국어 시간에 돌아가면서 책을 소리 내어 읽게 시키는 것도 아이들에게 표현력을 길러 주고, 아이들이 발성 연습을 잘 할 수 있게 하기 위함입니다.

또 소리 내어 읽기는 문장의 호흡을 알게 해줍니다. 문장을 적절하게 끊어 읽도록 해주어 독해능력도 키워 줍니다. 짧은 문장들이야 아무 문제가 없겠지만, 긴 문장들은 때로 적절하게 끊어 주지 않으면 순간 이상한 비문이 되어 버리는 경우가 있습니다. 저희 독서 모임에서도 간혹 그런 경우들이 있어서 읽는 사람이나 듣는 사람이나 재밌게 웃었던 기억들이 있습니다. 어쨌든, 소리 내어 읽기는 긴 문장의 경우 적절하게 끊는 호흡을 자연스럽게 익히게 해주어 의미단위별로 이해할 수 있게 해줍니다.

우리나라에 영화로도 상영된 〈샬롯의 거미줄〉Charlotte's Web 은 뉴베리 수상작(미국에서 어린이 문학에 큰 기여를 한 작가에게 주는 상으로 이 분야 최고 권위가 있습니다)으로 원작은 재미있는 책입니다. 이 책이 더욱 유명하고 가치 있는 것은 이 책을 구성하고 있는 문장들의 문학적 유려함과 더불어 문장들의 문법적 정확성과 탁월함 때문입니다. 갑자기 이 책을 말씀드리는 이유는, 미국은 물론이요 영어를 제2외국어로 배우는 다른 나라에서도 이 책을 여러 번에서 수십 번 소리 내어 읽은 많은 학생의 작문 실력과 문법의 정확성과 표현력이 책을 읽기 전에 비해 놀랄 만하게 느는 경우가 많기 때문입니다.

모든 신앙서적을 소리 내어 읽을 수도 없고, 그럴 필요도 없을 것입니다. 하지만 우리가 내용의 가치 면에서도 우수하고, 문체에서도 뛰어난 신앙서적 한두 권을 여러 번 소리 내어 읽는 것은 책을 읽는 원래의 목적(공부)에도 좋을 뿐만 아니라, 우리에게 독해력과 표현력과 어법의 능력을 키워 줌으로써, 이후에 다른 책들을 읽을 때뿐 아니라, 우리가 다른 사람의 이야기를 들을 때도, 우리가 다른 사람에게 이야기를 할 때도, 일상적인 대화에서조차도 우리에게 많은 유익을 가져다줄 것입니다. 가급적 어린 나이에, 또는 독서를 본격적으로 시작하기 전 어느 때라도, 최소한 소그룹 모임이나 독서 모임 등에서 일정 분량을, 꾸준히 함께 소리 내어 낭독하면 좋을 것입니다.

소리 내어 읽기는 기억력을 향상시켜 주는 좋은 방법이기도 합니다. 학습법에서는 그냥 "눈으로 읽는 것"(보기)보다는 "소리 내어 읽기"(보고, 읽고, 듣기)가 내용을 더 오래 기억하게 해 준다는 연구결과가 있습니다. 꼭 연구결과가 아니더라도 전화번호나, 이름, 써야 할 메모나 일정을 관리할 때 우리는 소리 내어 말하면서 행동합니다. 소리 내어 읽기가 집중력을 높여 주어 기억력을 향상시켜 주는 일상적인 사례들을 우리는 더 많이 찾아볼 수 있을 것입니다.

또 잘 이해가 되지 않는 문장도 소리 내어 여러 번 읽다 보면 이해가 되는 신기한 경험들도 있습니다.

〈대답은 있다〉 독서 모임에서도 여러 유익을 경험했습니다.

우리는 모임 때마다 본문 중 어떤 부분들을 소리 내어 읽었습니다. 주의를 환기하기 위해서나 중요한 내용을 강조하기 위해 그랬는데 저희에게 좋은 훈련이 되었습니다. 아직 충분히 표현하지 못하는 사람들은 본문을 그대로 인용하거나 인도자나 다른 사람이 조금 전에 한 말들을 다시 인용하며 자신의 생각들을 조금씩 표현하기 시작했습니다. 서로 질문하고 답하면서, 서로 같은 마음을 함께 나누면서, 우리는 신앙에 대한 이야기들을, 신앙에 대한 우리의 배움과 깨달음과 생각들을 점점 더 편하게, 자연스럽게 이야기할 수 있게 됐습니다. 여기에 더하여, 한 권의 책이 끝날 때마다 치른 시험도 자신의 생각을 정리하고 표현하는 일에 적지 않은 도움이 됐습니다.

2. 책 내용 기억하기

우리는 "책을 덮으면 기억에 안 남는다"고, 읽고 나서 "금방 까먹는다"고 말합니다. 저도 자주 했던 말입니다. 그런데 우리는 이런 말들을 하면서 핑계를 대거나 독서의 가치를 낮게 생각할 때가 있습니다. 그러나 정직하게 물어볼까요? 우리는 기억하기 위한 노력을 했습니까? 우리는 내용을 우리 것으로 만들기 위한 시간을 따로 보냈습니까? 책을 읽는 순간을 제외한다면 사실 없지 않을까요?

독서 모임 초반 때 몇몇 지체들도 그렇게 말했습니다. 하지만 모임이 진행되면서 그 친구들은 모임 중에 책을 함께 읽으면서, 복습하면서, 시험도 보면서 책의 내용을 잘 기억하게 됐습니다. 그중 특정 부분들을 더 잘 기억할 때도 있었는데, 그것은 질문에 자신이 답했을 때, 개인이나 교회 문제와 관련해서 서로 대화를 많이 나누었을 때, 그 내용이 주는 깨달음이 컸을 때 등이었습니다.

즉, 책 내용이 우리의 상황과 긴밀히 연결될 때, 우리는 기대, 간절함, 절박함 같은 마음으로 책을 읽게 되고, 책 내용은 우리에게 실제 필요한 것이 되기에 훨씬 잘 기억하게 됩니다. 우리가 어떤 책을 읽더라도 이런 노력, 즉 책의 내용을 계속해서 우리의 현장으로 가져와 고민해 보고, 그래서 실제 우리의 삶에 실천한다면 많은 열매가 있을 것입니다. 우리가 책의 내용을 기억하려고 하는 것은 1차적으로 우리의 지성을 깨우는 것도 있지만, 무엇보다 우리의 신앙을 아름답게 가꾸기 위해서기 때문입니다.

한편, 책을 잘 기억하는 것은 관심입니다. 어떤 사람들은 좋아하는 연예인의 주소와 키와 취미와 좋아하는 드라마의 대사와, 인물들 간의 관계, 전체 흐름 등을 잘 압니다. 잘 기억합니다. 기억력이 나쁜 사람은 없습니다. 대상에 우리의 마음이 없기 때문에 기억하지 못하는 것입니다.

3. 독후활동

자극적인 것을 좋아하는 우리는 한 번 읽어 본 책을 다시 읽지 않습니다. 다 안다고 생각하기 때문입니다. 읽어 봤기 때문에 더 배울 게 없다고 생각합니다. 하지만 실제 다시 읽어 보면 다릅니다. 다회독을 하는 분들은 같은 책을 여러 번 읽는 것이 얼마나 큰 배움인지 잘 압니다. 복습이나 다른 생산적인 독서활동을 통해 충분히 공부하지 않고 이 책 저 책 마구잡이로 읽으면 남는 게 거의 없습니다. 우리 것으로 만드는 일이 반드시 필요합니다. 그중 독서 모임과 서평쓰기를 추천합니다.

4. 좋은 사람과 같은 좋은 책, 그리고 좋은 독자

좋은 책은 좋은 사람을 만나는 것과 같아서 좋은 책도 여러 번 만나 봐야 진가를 알 수 있습니다. 처음에 보이지 않았던 것이 보이고, 잘못 생각했던 것이 바로 잡히고, 선입견이나 편견이 사라집니다. 귀할수록 그 가치가 더욱 드러납니다.

좋은 책은 읽을 때마다 새로운 배움이 일어나기도 하고, 또는 그 내용이 더 깊어지기도 하지만, 때로는 독자 자신이 계속해서 성장하기에 책에서 배울 것을 계속 만들어 냅니다. 그리고 사실상 이 둘은 함께 갑니다.

어쨌든 좋은 책보다 더 중요한 것은 좋은 독자입니다.

5. 글쓰기

수십 년 전부터 미국이나 유럽에서는 학습에서 글쓰기의 중요성을 깨닫고 중고등학생 때부터, 이르게는 초등학생 때부터 자기 생각을 잘 정리해서 효과적으로 전달하고, 다른 사람과 잘 대화할 수 있게끔 글쓰기 교육과 토론 교육을 강조해 왔습니다.

미국 대학들에서 대학생들에게 가장 필요한 능력으로 글쓰기를 꼽았다는 것은 글쓰기가 학습에서 차지하는 의미와 비중이 어떠한지를 말해 줍니다. 글쓰기는 아는 것을 정리하는 면에서도, 그것을 다른 사람에게 알리는 면에서도 탁월한 방법입니다.

하지만 글쓰기는 글쓰는 일을 즐거워하는 사람을 포함해 모든 사람에게 부담되는 일입니다.

소설이나 시를 쓰는 건 어떤 재능있는 사람들이 쓸 수 있는 것일지도 모릅니다. 하지만, 에세이나 독후감은 모든 사람이 쓸 수 있습니다. 우리가 "글이라는 것은 이런 것이어야 해" 하고 너무 높은 기준을 강요하지 않는다면 말입니다.

독후감이든 에세이든 표현이 잘 떠오르지 않으면 인용으로 글 대부분을 채우더라도 인용을 많이 함으로 한 편의 글을 완성하는 것도 좋은 방법입니다.

저는 예전에는 독후감을 쓸 때 인용을 많이 했고, 지금도 공부하면서 쓰는 글에 인용을 많이 합니다. 쓰면서 인용글을 한두 번 말해 보고, 쓰고 나서 또 글 전체를 한두 번 말해 보면 인용글의 표현이 익숙해지고 자기것이 되는 경험뿐만 아니라 그 의미들까지 좀더 깨닫게 되는 일들이 일어납니다. 여러 면에서 인용글은 좋은 스승과 친구가 되니 마음껏 교제합시다.

어쨌든 독후감 등을 처음 쓸 때는 인용을 많이 하고, 그에 대해 짤막하게 의견이나 느낌을 더하는 정도로 충분합니다. 그러나 글을 계속 쓰다 보면 물론 여전히 인용을 해야만 하는 경우가 있지만, 이전보다는 인용이 줄고 지은이의 생각을 점점 우리의 언어로 풀어서 쓸 수 있게 됩니다. 글을 베껴 쓰는 인용이 좋은 글쓰기 훈련이기 때문입니다. 저는 3-4쪽 정도 되는 분량을 그대로 옮겨 적은 경험도 있습니다. 정말 많이 남습니다.

독서가 늘고 글쓰기에 재미가 붙으면 우리는 점점 더 우리 생각을 잘 다듬고 글로 표현하고 싶어합니다. 사회관계망서비스SNS에 올리는 글들을 봐도 우리는 기본적으로 우리의 이웃들에게 우리의 생각을 알리고 싶어하고, 그에 대한 반응을 기대하는 마음이 있습니다. 신앙에 관한 독서가 늘고 생각이 많아지면 이런 일이 더 크게, 많이 일어납니다.

글쓰기가 가벼운 것은 아니지만 글쓰기를 또 너무 무겁게 생각할 필요도 없습니다. 책을 읽으면서, 누군가와 이야기하면서, 어떤 일을 경험하면서 든 생각들이 있다면 생각나는 대로 노트에 적습니다. 그 생각들을 서로 좀더 관련있는 것끼리 묶습니다. 논리적인 흐름을 생각하면서 조금 더 다듬습니다. 그러면 한 편의 글이 됩니다. 네, 쉽기도 하고, 어렵기도 합니다. 하지만 할 수 있는 일이고 재밌는 일입니다.

또 다른 글쓰기도 생각해 볼까요?

책을 읽으면서, 또 독서 모임 등에서 다른 사람들과 이야기하면서 논리 전개가 맞지 않거나 흡족하지 않은 부분들을 만날 때 우리라면 어떻게 할까 생각하고 직접 글을 써보는 것입니다. 그냥 생각만 해보는 것보다, 누군가에게 이야기해보는 것에서 끝나는 것보다 글로 생각을 정리하고 표현할 때 이런 글쓰기는 우리에게 여러 배움과 즐거움을 줍니다.

6. 두세 권의 책을 전체 요약해 보기

저는 군 제대 후, 독서를 잘하고 싶어서 독서법 관련 책들을 먼저 읽었습니다. 배운 것도 많았지만, 와닿지 않은 것들도 많았습니다. 제가 해보지 않은 것들이었으니까요. 좋은 방법이라고 생각한 것들을 하나씩 해보면서 제가 가장 크게 시간을 들여 했던 일은 책 전체를 챕터별로 요약하는 것이었습니다. 300쪽 내외의 책 세 권을 그렇게 정리했습니다. 한 권을 한 달 정도의 시간 동안 읽고 요약정리했는데, 제게는 그때 경험이 아주 큰 자산이 되었습니다.

먼저 책을 한 번 죽 읽었습니다. 그리고 챕터별로 요약을 시작했습니다. 250쪽 내외의 책이 10개 정도의 챕터로 되어 있다고 하면 2—3일에 챕터 하나씩을 요약정리했는데, 소제목 단위로 요약정리했습니다. 하루에 6—8시간 정도 시간을 들였던 것 같습니다. 그렇게 정리한 분량이 A4용지로 25—30장 정도입니다. 즉, 저는 저만의 미니판을 만든 것입니다. 저는 가급적 제가 이해한 개념을 제 언어로 풀어서 썼으며, 그것이 어려운 경우는 그대로 가져와 인용처리했습니다. 소제목별로 요약정리를 해야 했기에 소제목 단위의 내용을 분명히 이해해야 했습니다.

어쨌든 지인 몇 명에게 정리한 내용을 보여 줬을 때 고맙게도 지인들은 제가 정리한 것만 봐도 원래 책이 무엇을 말하는지 잘 알겠다고 말했습니다. 핵심을 잘 짚었고, 표현도 좋다고까지 말해 주었습니다. 그런 말들은 저에게 큰 격려가 되었습니다.

몇 년이 지난 뒤에 그때 일을 생각했을 때 왜 그렇게까지

하려고 했을까 하는 생각도 들었지만, 더 나중에는 그때 그 도전들이 저에게 좋은 독서 습관과 능력을 주었음을 알게 됐습니다.

여러분 중 특히 젊은 청년분들은 한두 권 정도 꼭 한번 해보시기 바랍니다. 두꺼운 책이 아니어도 좋습니다. 내용도 좋고, 뭔가를 배울 수 있는 책 한두 권을 두 달 이내에 요약정리해 본다면 이전과 이후 독서가 분명 뭔가 다르다는 점을 경험하시게 될 것입니다. 대학 입학 전 2개월이나, 방학 기간, 군 입대 전이나 제대 후 2개월 정도 시간을 투자하시면 어떨까요?

그때를 생각할 때 무척 안타까운 점은 그때 그렇게 요약정리했던 책들이 건강한 책들이 아니었다는 것입니다. 성경과 거리가 있는 책이었습니다. 만약 그때『기독교 강요』와 같은 책을 요약정리했다면 어땠을까 하는 생각에 안타까움이 있습니다.

여러분께서는 좋은 책 한두 권을 가지고 꼭 해보셨으면 합니다. 정말 많은 공부가 되고 기술을 얻게 되고 자신감이 생깁니다.

또는 여러분께 독서 모임을 추천해 드립니다. 좋은 책 한두 권을 요약하는 것은 여러 면에서 배움과 유익이 있지만 쉬운 일은 아닙니다. 다른 좋은 방법도 있습니다. 독서 모임에 참여하여 돌아가면서 장별로 요약발표하는 것입니다. 책 전체에서 한두 장 정도만 요약하면 되기 때문에 부담이 훨씬 적고, 다른 사람의 요약문을 보면서 배우는 점도 생깁니다.

7. 독서 모임

독서를 잘 배우고 싶으면 독서를 잘 하는 사람과 함께 책을 읽으면 됩니다. 독서 모임에 참여하면 됩니다. 함께 나누다 보면 책을 잘 읽는 사람들은 우리가 그냥 지나쳤던 문장에서, 접속사에서, 조사와 형용사에서 무엇인가를 발견합니다. 서로 질문하고 생각하고 찾아보고 대답하는 과정에서 개념들이 서로 비교되고 대조되면서 어떤 의미들이 드러납니다. 여러 이유로 독서 모임은 독서를 가장 효과적으로 잘 배울 수 있는 방법입니다.

독서 모임이 좋은 이유는 많습니다. 다음 이야기도 같이 나눠 보고 싶습니다.

우리는 종종 상대방과 갈라질 것을 각오하면서까지 해야 할 말을 하라는 말을 듣습니다. 필요하다고 생각합니다. 그리고 말합니다. 그러나 얼마나 많은 순간 우리는 이미, '내 말을 안 들으면 이걸로 끝이야' 하는 마음으로 말하나요? 또 얼마나 많은 순간 상대방을 잃을까 봐 아무 말도 하지 않나요?

모든 신앙 모임이 그런 면이 있지만, 특히 독서 모임을 지속적으로 할 때 좋은 점은 어떤 의견 불일치 때문에 상대방을 쉽게 포기해 버리지 않는다는 것입니다. 독서 모임 자체가 좀더 깊이 배우고, 생각을 나누기 위한 모임이기 때문입니다. 또, 종종 안타까운 일이 일어날 수도 있겠지만, 구성원들은 서로 계속해서 볼 사람들입니다. 그래서도 서로 계속해서 고민합니다. 다른 신앙 모임에서는 불편한 문제에 대해 더는 이야기를 안 할 수도 있겠지만, 독서 모임에서는 책을 계속 읽어 나가야 하는 이유 때문에라도 어떤 문제, 어떤 주제가 계속해서 다뤄지고 답을 향해 나아갑니다. 둘이서 논쟁하면 마음이 금방 상할 수 있고 걷잡을 수 없는 일들이 생기기 쉽지만, 여러 사람이 함께 토론하는 독서 모임에서는 다른 사람들이 마음을 지켜 주면서 중재도 해줍니다.

저는 서로 논쟁하고, 자신의 생각을 성경의 진리에 맞추고, 다른 지체를 배려하고, 모든 일에 겸손하고, 결국 다함께 자라 가는 지체들을 보았습니다.

 **잠깐**

독서 모임에 대해 더 알기 원하시는 분들은『독서 모임 "대답
은 있다" 이야기』(그 책의 사람들)를 한번 읽어 보세요.

지금까지 우리는 크게 독서와 교회의 관계에 대해, 그리스도
인이 신앙서적을 읽어야 하는 이유, 진리를 공부해야 하는 이
유들과 그렇다면 어떤 책들을 어떻게 읽을 것인지, 무엇을 어
떻게 공부할 것인지에 대해 이야기해 왔습니다.

저는 이제 다음 장에서 다시 한 번 송영의 의미를 되새기
며 이야기를 마무리하려고 합니다.

3
송영頌榮을 위한 독서

송頌 - 기리다, 칭송하다

영榮 - 영광, 영화

우리 시대는 신앙서적 읽는 것을 귀찮아합니다. 흥미가 없습니다. 재미가 없어서 읽지 않습니다. 하지만 사실 우리에게 필요한 책은 재미 이상을 줍니다. 우리가 필요를 느끼지 못하는 것은 우리의 영적침체 또는 영적불감증 때문이며, 무엇보다 우리가 진리를 사랑하지 않기 때문입니다.

오늘날 출판되는 신앙서적 중 많은 수가 성경에 충실하지 않아 사람들의 영혼의 입맛을 버린 것도 하나의 이유입니다. 잠시 잠깐의 위로와 즐거움은 줄 수 있을지 모르지만 그것은 진리의 맛이 아닙니다. 유사 진리의 맛은 진리도 맛보지 못하게 하고, 아예 맛보는 것 자체를 멀리하게 만듭니다. 이것이 우리의 현실입니다.

우리의 현실에서 우리 선조들로 옮겨가 보겠습니다.

우리 선조들은 진리를 열심히 공부했습니다. 열심히 말씀 들으러 다니고, 공부 모임에 참석하고, 계속해서 묻고 배웠습니다. 아예 그것이 교회의 교육 일정이었습니다. 교리문답은 신앙고백을 배우기 위한 커리큘럼이기도 했습니다. 그리고 이 모든 일에 성경과 함께 신앙서적을 사랑했습니다.

물론 우리 선조들 전체가 그랬다는 것은 아닙니다. 하지만 교회의 역사를 살펴보면 우리 선조들이 진리를 사랑하는 일에, 배우고 확신하는 일에 얼마나 열심을 냈는지를 보게 됩니다. 게다가 선조들은 자신들만을 위해서가 아니라 다음 세대, 후손들을 위해 그들의 진리 사랑을 남기는 일에도 힘을 쏟았습니다. 그 유산을 지금 저희가 누리고 있는 것입니다.

우리 선조들이 특별히 책을 사랑했던 것은, 또 지금도 믿음의 사람들이 책을 가까이 하는 것은 책읽기와 진리를 공부하는 일이 그 자체로서도, 그 목표와 결과가 하나님을 예배하는 것이고, 교회를 섬기는 것이며, 우리 신앙에 영광이 되기 때문입니다.

　신앙생활의 모든 목적은 하나님의 영광에 있습니다. 우리는 예배함으로 하나님께 영광 돌립니다. 하나님의 말씀을 사랑하고 그 말씀에 순종함으로 하나님을 영화롭게 합니다. 그런데 여기서 예배하고, 사랑하고, 순종하는 일들에는 그 대상이 있습니다. 구체적인 대상 말입니다.

지식 없는 신앙은 없습니다

우리가 하나님을 예배한다는 말, 찬양한다는 말 자체는 너무나 막연합니다. 성경은 이런 말 전후로 항상 구체적인 내용을 보여 줍니다. 이스라엘 백성과 신약성경의 성도들은 항상 하나님께서 어떤 분이신지, 어떤 일을 하셨는지를 예배하고 찬양한다는 말과 붙여서 말했습니다.

　우리는 천지를 지으신 하나님을 예배하고 찬양합니다. 하나님께서 우리에게 율법을 주셨다는 것과 그가 말씀하시는 것은 반드시 이루신다는 것으로 예배하고 찬양합니다. 예수 그리스도께서 택하신 자들을 구원하신다는 것과 성령 하나님께서 신자들 안에 내주하시면서 거룩을 향해 나아가게 하시는 역사로 말미암아 예배하고 찬양합니다.

이처럼 우리는 예배하고 찬양하기 위해 무엇인가를 알아야만 합니다!

우리는 천지를 지으신, 전능하신 하나님을 예배하고 찬양할 수 있습니다. 하지만 성경의 다른 부분들, 진리의 다른 부분들을 잘 알지 못한다면 하나님께서 얼마나 선하신지, 얼마나 의로우신지 알지 못한다면 온전히 예배하고 찬양했다고 말할 수 없습니다. 하나님께서 말씀하신 계명의 의미를 온전히 알지 못하고, 적절히 적용하지 못한다면 우리는 순종할 수 없습니다.

따라서 신앙에서 지식은 절대로 중요합니다! 이 지식은 성경에 담겨 있기에 설교를 듣고 성경을 공부하는 일 또한 절대로 중요합니다!

우리 삶에서 우리의 생각과 말과 행동의 기준이 성경이어야 하는 것은, 하나님께서 우리에게 하나님과 하나님의 뜻을 충분히 알리시는 수단으로 성경을 주셨기 때문입니다. 즉, 성경은 하나님의 말씀으로 진리며, 성경에는 우리가 하나님을 믿는다는 의미와 내용이, 우리 영혼의 생명과 믿는 자의 경건에 속한 모든 것이 담겨 있기 때문입니다. 이 세상 어느 무엇도 이렇게 하나님께서 주신 것이 없습니다. 오직 성경뿐입니다. 따라서 우리가 기댈 유일한 기준은 성경입니다. 우리의 최종적인, 유일한 기준은 오직 성경입니다.

무엇을 믿어야 하는지를 결정하는 것은 오직 성경뿐입니다. 무엇을 해야 하고, 하지 말아야 하는지를 결정하는 것도 오직 성경뿐입니다. 결정을 위한 유일한 기준은 오직 성경입니다. 그러므로 우리는 성경을 높이고, 잘 알아야 합니다.

세상은 하나님에 대해 아무것도 말해 주지 않습니다! 아니 말해 줄 수 없습니다! 겨우 더듬을 수 있을 뿐입니다. 그뿐입니다.

하나님과 진리와 구원과 하나님의 나라와 의와 율법과 선과 악에 대해 말해 줄 수 있는 것은 오직 성경입니다. 성경에서만이 이런 것들을 알 수 있다는 말은, 성경만이 우리의 기준일 수밖에 없다는 뜻입니다. 성경 외에 어디서 우리가 이런 것을 알 수 있습니까? 없습니다. 그러면 답은 하나입니다. 성경만이 기준입니다. 이것이 신앙을 형성하고, 분별하게 합니다. 이것이 신앙을 판단합니다.

그래서 참 신앙의 사람들은 혹 과학적 발견이 성경과 다르게 보인다거나, 과학적 결과물이 성경의 가르침을 따르지 못하게 한다면 과학을 버리고 성경을 따릅니다. 세상의 학문이 아무리 발전하고, 어떤 문제나 주제에 대해 심리학적, 사회학적 주장이 아무리 옳아 보여도 성경을 따릅니다. 아무리 실용적인 결과들이 두드러지고, 누가 봐도 그렇게 하는 것이 지혜롭고, 나아 보일지라도 성경을 따릅니다. 이미 많은 사람이 누렸고, 그렇게 하는 것이 마땅해 보이며, 또 그런 무언의 압박을 받는다 할지라도 성경을 따릅니다.

성경의 위치가 이토록 절대적이기에 하나님께서는 하나님을 아는 일에 게으른 것을 크게 책망하십니다. 심지어 성경의 가르침에 따르며 진리를 공부하지 않는 사람은 그리스도인이 아닙니다.

진리를 공부하지 않는 사람은 그리스도인이 아닙니다

"사랑하는 자들아 영을 다 믿지 말고 오직 영들이 하나님께 속하였나 분별하라 많은 거짓 선지자가 세상에 나왔음이라"(요1 4:1)는 말씀이나 "어떤 사람이 너희에게 말하기를 주절거리며 속살거리는 신접한 자와 마술사에게 물으라 하거든 백성이 자기 하나님께 구할 것이 아니냐 산 자를 위하여 죽은 자에게 구하겠느냐 하라 마땅히 율법과 증거의 말씀을 따를 지니 그들이 말하는 바가 이 말씀에 맞지 아니하면 그들이 정녕 아침 빛을 보지 못하고"(사 8:19-20)라는 말씀들을 볼 때 그리스도인은 하나님의 말씀을 알고 있으며, 참과 거짓을 분별할 수 있는 사람들입니다.

"너는 진리의 말씀을 옳게 분별하며 부끄러울 것이 없는 일꾼으로 인정된 자로 자신을 하나님 앞에 드리기를 힘쓰라"(딤후 2:15)는 말씀을 보면 우리가 진리의 말씀을 옳게 분별해야 하는 것은 부끄러울 것이 없는 일꾼이 되기 위해서입니다.

"그러므로 형제들아 내가 하나님의 모든 자비하심으로 너희를 권하노니 너희 몸을 하나님이 기뻐하시는 거룩한 산 제물로 드리라 이는 너희가 드릴 영적 예배니라 너희는 이 세대를 본받지 말고 오직 마음을 새롭게 함으로 변화를 받아 하나님의 선하시고 기뻐하시고 온전하신 뜻이 무엇인지 분별하도록 하라 내게 주신 은혜로 말미암아 너희 각 사람에게 말하노니 마땅히 생각할 그 이상의 생각을 품지 말고 오직 하나님께서 각 사람에게 나누어 주신 믿음의 분량대로 지혜롭게 생각하라"(롬 12:1-3). 이 말씀에서 우리가 알 수 있는 것도 같습니다. 이 세대를 본받지 않는 것과 하나님의 선하시고 기뻐하시고 온전하신 뜻이 무엇인지 분별하는 일은 같습니다.

그리스도인이 자신을 거룩한 산 제물로 드리기 위해서는 무엇인가를 알아야만 합니다. 그것이 이 세대를 본받지 않는 길이기도 합니다.

"하나님께 감사하리로다 너희가 본래 죄의 종이더니 너희에게 전하여 준 바 교훈의 본을 마음으로 순종하여 죄로부터 해방되어 의에게 종이 되었느니라"(롬 6:17-18)는 말씀은 우리가 마음으로 순종한 교훈의 본이 우리를 죄로부터 해방시킬 뿐만 아니라 의에게 종이 되도록 한다고 말합니다. 이는 하나님의 말씀을 아는 것이 단지 더 좋은 것이 아니라는 사실을, 우리가 진리를 아는 것이 아주 특별하고 비교할 수 없는 일임을 보여 줍니다.

로마서 8장 5-9절은 다음과 같이 말합니다. "육신을 따르는 자는 육신의 일을, 영을 따르는 자는 영의 일을 생각하나니 육신의 생각은 사망이요 영의 생각은 생명과 평안이니라 육신의 생각은 하나님과 원수가 되나니 이는 하나님의 법에 굴복하지 아니할 뿐 아니라 할 수도 없음이라 육신에 있는 자들은 하나님을 기쁘시게 할 수 없느니라 만일 너희 속에 하나님의 영이 거하시면 너희가 육신에 있지 아니하고 영에 있나니 누구든지 그리스도의 영이 없으면 그리스도의 사람이 아니라." 이 말씀에 따르면 그리스도인은 육신이 아닌 영을 따르는 자로서 영의 일을 생각하는데, 그것은 곧 하나님의 법에 순종하고, 하나님을 기쁘시게 하는 것입니다. 그렇지 않으면 "그리스도의 사람이 아니라"고 말합니다.

계속해서 함께 보시겠습니다.

너희가 이것을 알고 행하면 복이 있으리라(요 13:17).

이러므로 내가 하늘과 땅에 있는 각 족속에게 이름을 주신 아버지 앞에 무릎을 꿇고 비노니 그의 영광의 풍성함을 따라 그의 성령으로 말미암아 너희 속사람을 능력으로 강건하게 하시오며 믿음으로 말미암아 그리스도께서 너희 마음에 계시게 하시옵고 너희가 사랑 가운데서 뿌리가 박히고 터가 굳어져서 능히 모든 성도와 함께 지식에 넘치는 그리스도의 사랑을 알고 그 너비와 길이와 높이와 깊이가 어떠함을 깨달아 하나님의 모든 충만하신 것으로 너희에게 충만하게 하시기를 구하노라(엡 3:14-19).

내가 기도하노라 너희 사랑을 지식과 모든 총명으로 점점 더 풍성하게 하사 너희로 지극히 선한 것을 분별하며 또 진실하여 허물 없이 그리스도의 날까지 이르고 예수 그리스도로 말미암 아 의의 열매가 가득하여 하나님의 영광과 찬송이 되기를 원하 노라(빌 1:9-11).

끝으로 형제들아 무엇에든지 참되며 무엇에든지 경건하며 무 엇에든지 옳으며 무엇에든지 정결하며 무엇에든지 사랑받을 만하며 무엇에든지 칭찬받을 만하며 무슨 덕이 있든지 무슨 기 림이 있든지 이것들을 생각하라 너희는 내게 배우고 받고 듣고 본 바를 행하라 그리하면 평강의 하나님이 너희와 함께 계시리 라(빌 4:8-9).

이로써 우리도 듣던 날부터 너희를 위하여 기도하기를 그치지 아니하고 구하노니 너희로 하여금 모든 신령한 지혜와 총명에 하나님의 뜻을 아는 것으로 채우게 하시고 주께 합당하게 행하 여 범사에 기쁘시게 하고 모든 선한 일에 열매를 맺게 하시며 하나님을 아는 것에 자라게 하시고(골 1:9-10).

그러므로 너희가 그리스도와 함께 다시 살리심을 받았으면 위의 것을 찾으라 거기는 그리스도께서 하나님 우편에 앉아 계시느니라 위의 것을 생각하고 땅의 것을 생각하지 말라 이는 너희가 죽었고 너희 생명이 그리스도와 함께 하나님 안에 감추어졌음이라(골 3:1–3).

너희는 말씀을 행하는 자가 되고 듣기만 하여 자신을 속이는 자가 되지 말라 누구든지 말씀을 듣고 행하지 아니하면 그는 거울로 자기의 생긴 얼굴을 보는 사람과 같아서 제 자신을 보고 가서 그 모습이 어떠했는지를 곧 잊어버리거니와 자유롭게 하는 온전한 율법을 들여다보고 있는 자는 듣고 잊어버리는 자가 아니요 실천하는 자니 이 사람은 그 행하는 일에 복을 받으리라(약 1:22–25).

이런 말씀들을 보면서 우리가 알 수 있는 것은, 지식이 신앙에서 아주 중요하다는 사실입니다. 지식은 그리스도의 사랑을 알게 하는 일, 하나님께 영광과 찬송을 돌리는 일, 모든 선한 일의 열매를 맺는 일, 우리의 생명과 관계된 일에 절대적입니다.

성경의 가르침에 따르면 믿음의 지식은 우리가 단지 구원받는 데만 의미 있는 것이 아니라, 그리스도인으로 살아가는 데도 반드시 필요합니다.

만약 우리가 지식을 하찮게 여긴다면, 아는 것에 힘쓰지 않는다면, 지식에 순종하지 않는다면 우리는 단지 하나님께서 약속하신 복들을 좀 덜 누리는 것이 아니라 그리스도의 사람이 아닙니다.

그런데 우리 중 많은 사람이 지식을, 진리에 대한 공부를 단지 하면 더 좋은 것, 목회자들과 소수의 성숙한 신자들을 위한 것, 공부를 좋아하고 책 잘 읽는 사람들의 것으로 생각합니다.

하지만 하나님께서는 이렇게 말씀하십니다.

멜기세덱에 관하여는 우리가 할 말이 많으나 너희가 듣는 것이 둔하므로 설명하기 어려우니라 때가 오래 되었으므로 너희가 마땅히 선생이 되었을 터인데 너희가 다시 하나님의 말씀의 초보에 대하여 누구에게서 가르침을 받아야 할 처지이니 단단한 음식은 못 먹고 젖이나 먹어야 할 자가 되었도다 이는 젖을 먹는 자마다 어린아이니 의의 말씀을 경험하지 못한 자요 단단한 음식은 장성한 자의 것이니 그들은 지각을 사용함으로 연단을 받아 선악을 분별하는 자들이니라 그러므로 우리가 그리스도의 도의 초보를 버리고 죽은 행실을 회개함과 하나님께 대한 신앙과 세례들과 안수와 죽은 자의 부활과 영원한 심판에 관한 교훈의 터를 다시 닦지 말고 완전한 데로 나아갈지니라(히 5:11–6:2).

하나님께서는 시간이 오래 흘렀는데도 왜 아직 젖을 먹고 있냐고 책망하십니다. 마땅히 선생이 되어야 할 것인데 말입니다. 아직 젖을 먹는다는 사실은 의의 말씀을 경험하지 못한 것이라고까지 말씀하십니다. 선악을 분별할 수 없다고 말씀하십니다. 그리고 이것을 회개할 문제로 보십니다.

성경 어디를 봐도 하나님의 말씀은 동일합니다! 성경과 교회사를 볼 때 지적인 결핍은 언제나 배도와 도덕적 타락을 불러 왔습니다.

우리가 공부하지 않을 때
우리는 다른 그리스도인을 아프게 할 수 있습니다

우리가 공부하지 않으면 교회는 건강할 수 없고, 심지어 무너질 수도 있습니다. 교회는 진리의 기둥과 터인데 진리가 없다면 어떻게 될까요?

우리가 공부하지 않으면 우리는 다른 그리스도인을 아프게 할 수도 있습니다.

공부하지 않고, 성경대로 사는 일에 크게 관심 없는 사람은 진리를 사랑하고, 말씀에 순종하며 사는 사람들을 사실상 정죄하고 비난하고 모욕하는 것입니다. 우리가 그런 사람들을 욕하는 것입니다. 열심히 배우고 성경대로 살려는 사람들, 고민하고 더 좋은 것, 더 거룩한 것을 찾는 사람들에게 우리는 그런 삶은 사실상 가치가 없다고 말하는 것이기 때문입니다. 우리의 게으른 태도와 공부하지 않는 마음이 그들에게 더 큰 고통을 안겨 주는 것입니다. 그들은 어떻게든 더 성경대로, 믿음대로 살려고 하는데, 교회를 더욱 건강하고 아름답게 만들어 가려고 하는데, 우리가 아무것도 하지 않으면 그들은 세상이 아니라 바로 우리 때문에 더 불행해집니다.

그들의 삶이 불행한 것은 바로 우리 때문입니다. 세상은 원래 그러하니 여기서 말할 필요가 없습니다. 하지만 교회는 세상이 아닙니다. 교회는 하나님의 말씀이 선포되고, 하나님 나라의 원리가 가르쳐지는 곳입니다. 하나님의 진리가 높임을 받고, 그 말씀에 순종함으로써 하나님을 예배하고……. 그렇게 그런 삶을 사는 사람들이 모여서 서로 위로하고 도전하며 이 눈물골짜기 같은 세상에서 믿음으로 인내하며 살아가는 곳이 바로 교회입니다.

그런데 때가 오래인데도 여전히 진리를 사랑하지 않는 우리, 우리 소견대로 사는 게 행복한 우리, 성경의 가르침에 무지한 우리 때문에 저들의 신앙과 열심과 섬김이 헛되게 되고, 그들의 소망이 무너지는 것입니다. 그들이 아무리 실천하며 살려고 해도, 우리 같은 사람들이 교회를 이루고 있기 때문에 아무것도 할 수 없고, 눈물로 밤을 지새우며, 달려가야 할 그들이 우리 같은 사람들을 배려하고 섬기느라 걸어가고 있는 것입니다.

잘못된 지식만큼 나쁜 것이 무지입니다. 아무것도 알려고 하지 않는 것과 아는 일에 게으른 것은 교회를 세우지 않고 무너뜨리는 데 일조하기가 아주 쉽습니다. 정말 중요한 순간에 성경에 기반한 지식이 아니라 자신의 경험이나 순간적인 어떤 감정, 그런 것에 따라 판단하기가 쉽기 때문입니다. 우리는 그런 것을 의도하지 않았을지라도, 실제로 우리가 의도하는 것과는 달리 오히려 교회가 병이 들고 무너지는 모습을 보게 될 것이고, 그런 일들에 책임이 큽니다.

하나님께서 말씀하시므로 우리는 들어야 합니다

하나님께서 말씀하시므로 우리는 들어야 합니다. 알아야 합니다. 하나님께서 말씀하시는 것은 우리가 들어야 하기 때문입니다.

하나님께서는 말씀을 통해 우리에게 자신을 알리십니다. 이는 정말 놀라운 일인데 계시하신 것을 아는 것이 지성이 하는 일입니다. 타락한 인간에게 믿음이 주어지면 눈을 가렸던 비늘이 벗겨지고 우리는 어둠에서 빛으로 나오면서 밝히 보게 됩니다. 그리스도인에게 진리를 보는 것과 아는 것은 부차적이거나 몇몇 특별한 사람들의 은사가 아닙니다. 지성을 사용하는 것과 관계 없는 사람은 그리스도인이 아닙니다.

우리가 그리스도인이라면 우리는 진리를 사랑하게 되어 있습니다. 예수 그리스도를 알기 전에 우리는 이것을 미워했습니다. 하나님을 대적했고, 참된 삶을 모욕했습니다. 하지만 예수 그리스도께서는 우리가 이전에 미워하던 것을 사랑하게 해주셨습니다. 그리스도께서는 하나님을 참되게 알게 해주셨고, 전에는 무겁게만 보이던 하나님의 계명이 실제로는 즐겁고 복된 것임을 깨닫게 해주셨습니다. 시편 119편처럼 그리스도인에게 말씀은, 진리는, 하나님의 법은 영광스럽고 아름답고 위대한 것입니다. 그래서 그리스도인은 마음을 다해 진리를 아는 것에 힘씁니다.

하지만 우리의 현실을 봅시다.

우리는 밖에서 맛있는 것을 먹으면, 그 맛집을 기억합니다. 자주 찾아갑니다. 그 음식에 대해 자주 이야기합니다. 그 맛을 높이 평가합니다. 이것은 자연스러운 일입니다.

예쁜 옷이 있나 하며 정기적으로 백화점이나 쇼핑몰에 방문하고 온라인 사이트를 수시로 찾아봅니다. 하지만 신앙서적을 사고 읽기 위해, 개인적으로든 교회에서든 공부하기 위해 우리는 무엇을 하고 있습니까?

최신형 스마트폰이나 전자기기를 사기 위해 오래전부터 돈을 모으거나 구매 계획을 세우고, 이것저것 꼼꼼하게 비교하여 제품을 최종선택하는 시간과 정성에 비해 신앙서적은 어떻습니까? 고급 최신형 스마트폰을 구매하면 주위 사람들에게 (은근히라도) 자랑하고 싶어하고, 또 누가 그렇게 샀을 때 우리도 크게 호응하면서, 왜 진리에 대한 공부에는 그렇지 않습니까?

좋은 기기를 다루기 위해 매뉴얼을 자세히 살피고, 관련 사이트들을 찾아보고, 전문가(아주 좋아해서 잘 아는 사람들을 포함하여)에게 물어보는 수고를 기뻐하면서 왜 믿음의 지식에 대해서는 그렇지 않습니까?

스마트폰에 입히는 액세서리에는 돈을 아끼지 않으면서, 게임 캐릭터에 돈을 쓰는 것은 너무나 당연시하면서…….

우리가 사랑하지 않기 때문입니다. 우리의 손에 성경과 신앙서적이 자주 가까이 있지 않는 것은 사실 우리가 그것을 사랑하지 않기 때문입니다. 신앙이 우리에게 그렇게 중요하지 않기 때문에, 큰 의미가 없기 때문입니다.

더 이상 핑계대지 맙시다. 우리 다 같이 숨을 쉽시다.

성경은 하나님을 힘써 알라고 말합니다. 그것은 명령입니다. 우리에게 고통과 슬픔을 주기 위한 명령이 아니라 우리로 하여금 진짜 삶을 살게 하는 명령입니다. 우리의 영혼과 영원의 행복을 위한 명령입니다.

왜 그리스도인의 열정은 세상 사람들이 자신의 꿈과 즐거움을 위해 쏟는 것보다 자주 작고 단단하지 않습니까? 우리를 구원하신, 그래서 하나님을 사랑하게 하시는 복음의 능력의 크기가 그 정도입니까? 그렇게 작습니까?

우리가 늘 꿈꾸고 부러워하는 우리 선조들, 믿음의 사람들을 봅시다. 그들이 진리를 얼마나 사랑했는지, 얼마나 열심히 공부하며 순종했는지, 얼마나 세상에서 미움을 받았는지, 그러나 하나님께는 얼마나 사랑받았는지, 그리고 다른 한편으로는 얼마나 많은 사람에게 선한 영향력을 끼쳤는지, 그들의 가정과 교회가 얼마나 복됐는지!

언제까지 목회자들이 우리에게 밥을 먹는 것은 너무나 중요하다고 말하게 해야 합니까? 밥을 먹는 일인데요, 안 먹으면 우리가 죽는 일인데요, 건강하게 살 수 없는데요.

아, 우리는 인도를 구하지만 말씀은 읽지 않습니다…….

우리가 하나님을 알고 사랑하는 일에 중간지대란 없습니다. 성경이 우리에게 적당하게 순종하고, 적당하게 알라고 하지 않고 마음과 뜻과 힘을 다하여 하라고 하는 것은 순종할 때와 그것을 무시하거나 크게 중요하지 않은 것으로 생각할 때의 결과가 너무나 극명하기 때문입니다. 둘 사이의 중간은 없기 때문입니다.

하나님의 모든 계명은 복이 되거나 화가 됩니다.

다른 모든 이유를 제쳐 놓고서라도, 하나님께서 말씀하시므로 우리는 들어야 합니다.

말씀의 책이 있으므로 읽어야 합니다.

다른 이유가 필요하지 않습니다.

무엇보다 예배하기 위해 책을 읽고 공부해야 합니다

사랑이 없는 지식은 교만하게 합니다. 네, 그런 지식은 심지어 교회를 분열시키고 해칩니다. 하지만 참되고 바른 지식은 교회를 섬기고 세웁니다.

하나님 아는 지식이 풍성한 교회는 아는 만큼 하나님을 더 많이 예배할 수 있습니다. 공부하는 그리스도인이 많은 교회는 거짓에 더욱 민감하고, 세속성을 더욱 경계하며, 죄와 철저히 싸웁니다.

공부하는 그리스도인이 많은 교회는 하나님 말씀의 가치와 능력을 더 많이 경험합니다. 하나님을 더 의지하고, 더욱 순종합니다.

한 사람이 말씀대로 사는 삶은 외롭고 두려운 일일 때가 많지만 교회와 함께 말씀대로 사는 삶은 그렇지 않습니다. 그래서 하나님께서 우리에게 교회를 주셨습니다. 교회와 함께 가는 그 천로역정은 정말 영광스러운 길입니다.

우리는 하나님께서 주신 성경을 믿고 사랑하는 것으로, 그 말씀의 의미를 배우고 순종하며 사는 것으로 하나님을 예배하며 찬양합니다.

우리가 생각하는 것들이 항상 하나님과 관계 있으며, 우리의 기준을 항상 성경에 두면 그것으로 하나님께서 영광받으십니다. 우리가 진리의 가치를 크게 생각하고, 다른 무엇보다 말씀을 사랑할 때 하나님께서 기뻐하십니다.

이 모든 것이 하나님을 예배하고 찬양하는 일이 됩니다. 이것이 송영입니다. 우리는 공부하는 것 자체로도, 그리고 말씀에 따른 삶으로도 하나님을 예배하고 찬양할 수 있습니다.

우리가 책을 읽는 이유는 하나님께서 말씀하셨기 때문입니다.

우리가 책을 읽는 이유는 하나님을 아는 것이 좋기 때문입니다. 단순히 좋은 정도가 아니라 비교할 수 없이 좋기 때문입니다.

우리가 책을 읽는 이유는 하나님을 사랑하기 때문입니다. 하나님 뜻대로 살고 싶기 때문입니다.

우리가 책을 읽는 이유는 하나님을 예배하며 살고 싶기 때

문입니다. 하나님과 하나님의 모든 것을 찬양하며 사는 것에
진리가 꼭 필요하기 때문입니다.

네, 이것이 하나님을 향한 송영입니다. 지금까지의 모든 이
야기가 이 송영을 위한 독서입니다.

혹 하나님을 사랑하는 방법이 지나친(잘못된) 경우가 있을 수 있겠지만, 하나님을 사랑하는 마음의 정도가 지나친 경우는 결코 없습니다.

저는 저를 비롯해 모든 그리스도인이 진리를 사랑하는 일을 신앙의 가장 중요한 일로 생각하길 원합니다. 마음을 다해 하나님을 아는 일에 힘 쏟기를 기도합니다.

오늘도 먼지 쌓인 우리의 성경은 지구상 어느 곳에선가 그토록 읽고 싶어하는, 처음으로 손에 넣어 가슴에 품고서 오열하는 진리와 생명의 책입니다. 네, 그렇습니다.

이 작은 책이 이런 일을 생각하고 고민하시는 분들께 조금이나마 도움이 되었으면 좋겠습니다.

김병재 선생님은 진리의 사람으로 제가 가장 존경하고 사랑하는 친구입니다. 이 부록은 진리와 사랑에 빚진 자인 김병재 선생님이 학생들과 함께 매주 공부해 나가는 이야기를 조금 싣고 있습니다. 본이 되는 하나의 참고로써 독자 여러분께서 봐 주시길 부탁드립니다.

기독교학교에서 근무할 수 있는 특권을 누리고 있기에, 그래서 학생들과 아무 제약 없이 신앙을 나눌 수 있는 환경에 있기에 기독교의 거대한 유산인 웨스트민스터 소교리문답을 학생들과 공부하기로 했습니다(이런 환경에 있으면서도 신앙고백을 공부하지 않는다면 무지와 교만, 둘 중 하나라 생각했지요). 2015년 3월에 시작, 한 주에 1차시(50분)가 배정되어 현재까지 진행 중입니다. 물론 함께 근무하는 교사들의 공감과 동의가 있었기에 시작할 수 있었던 귀한 수업입니다.

이 책 앞 쪽에 소개된 『특강 소요리문답』과 같은 좋은 교재가 있었지만 학교에서의 교재 선정은 민감한 부분이기에 일단은 문답 자체만을 가지고 수업할 계획을 세웠습니다. 주어진 문답만 읽어도 좋은 시간이 되겠지만 무엇보다 학생들의(교사인 저도 마찬가지입니다) 적극적인 참여를 통한, 기독교의 귀한 유산을 스스로 섭취하고 싶어하는, 그런 수업이 되기를 바랐습니다. 그것을 위해 부족하지만 작은 방법을 소개하고자 합니다.

일단 크게 두 가지 목표를 세웠습니다. 첫째, 학생들 스스로 교리문답을 '공부'할 수 있어야 한다는 것입니다. 이것은 현시대를 살아가는 학생들이 안고 있는 문제, 고질적인 수동성을 겨냥했다고 볼 수 있습니다. 둘째, 학생 자신이 교리를 공부한 흔적을 남겨야 한다는 것입니다. 자신들이 공부한 그 모든 흔적이 학교를 졸업함과 동시에 증발해 버리는, 그래서 자신들이 긴 시간 공부했던 궤적조차 찾을 수 없고 찾지도 않는 옳지 못한 모습 때문에 세운 목표입니다.

이 두 가지 목표를 달성하기 위해 학생들이 작성하는 활동지를 만들었습니다. 활동지의 양식은 이 글 맨 마지막에 있습니다.

일단 수업을 시작하기 전에 함께 자신의 생각을 나눌 모둠을 구성합니다. 모둠 인원은 집중하고 나눌 수 있는 인원을 생각했을 때, 3-4명 정도가 적당하다고 보고 제가 맡은 12명의 학생을 3모둠으로 나누었습니다. 그리고 전체를 대상으로 그날 공부할 소교리문답의 '문'을 읽어 줍니다. 소교리문답 1문을 예로 들면, '1문: 사람의 제일 되는 목적은 무엇입니까?' 입니다. 많은 분이 알다시피 1문의 답은 '사람의 제일 되는 목적은 하나님을 영화롭게 하고, 하나님을 영원토록 즐거워하는 것입니다'입니다. 하지만 학생들은 이 답을 그대로 적지 않습니다. 답을 읽지 않은 상태에서 교사는 답의 근거 구절들, 시편 86:8-13, 이사야 43:21; 60:21, 로마서 11:36, 고린도전서 6:20; 10:31, 요한계시록 4:11, 시편 16:5-11; 73:24-26; 144:15, 이사야 12:2, 누가복음 2:10, 요한복음 17:22, 요한복음 17:24, 빌립보서 4:4, 요한계시록 21:3-4(기독교교리앱 참고)을 알려 줍니다. 학생들은 준비한 성경에서 알려 준 구절을 찾고 각 구절의 핵심단어를 찾습니다. 핵심단어를 3-4명의 모둠 학생들이 서로 논의하여 적습니다. 그리고 그렇게 선정한 핵심단어를 중심으로 다시 한 번 질문을 상기하여 답을 직접 만들어 봅니다. 물론 답을 적을 때도 모둠이 함께 논의하여 1−2개의 문장을 만듭니다.

이런 과정은 참 대단한 작업입니다. 물론 소교리문답을 작성한 경건한 선배들의 노력에 비할 수는 없지만 그들이 밟아 왔던, 사유했던 흔적들을 함께 공유하고자 함입니다. 물론 학생들이 만든 문장 자체가 소교리문답의 답과 똑같을 수는 없습니다. 그것을 기대하지도 않았고요. 하지만 신기하고 감사한 것은(한편으로 당연하다고 봅니다만) 학생들이 만든 답이 '개념'상 소교리문답과 거의 다르지 않다는 사실입니다. 학생들은 자신들이 만든 답을 서로 발표하고 다른 모둠이 어떤 답을 만들었는지 듣습니다. 그러고 나서 그제서야 소교리문답을 펼치고 원래의 답과 자신들이 만든 답을 비교합니다.

이제 중요한 과정이 한 가지 더 남았는데 바로 '다음 질문 예상하기'입니다. 교리문답은 매우 논리적이며 유기적으로 연결되어 있습니다. 그렇기 때문에 주어진 답을 들었을 때 누구나 다음 질문을 예상할 수 있습니다. 다시 한 번 강조합니다. '누구나' 예상할 수 있습니다. 질문을 예상하는 것도 모둠이 논의합니다. 잠시 논의의 시간을 제공한 뒤 모둠별이나 개인별로 발표하면 됩니다. 그럼 학생들은 다음 질문을 보고 싶어합니다. 정말 보고 싶어합니다. 이럴 때 교사의 귀여운 심술이 필요합니다. 거기서 기도하고 수업을 마치는 겁니다. 그러면 열이면 열, 수업이 끝나자마자 소교리문답을 펴고 자신들이 예상한 질문을 확인합니다. 이 얼마나 아름다운 모습입니까?

전체적인 과정이 진지한 분위기임에도 학생들은 전혀 지루해하지 않습니다. 함께 논의하며 진행하기 때문에 표면적으로는 시끌벅적합니다. 때때로 정말 예상하지 못한 질문이 나올 때가 있습니다. 그런데 그런 질문의 대부분은 소교리문답의 진행 중에 다 해결될 질문들입니다. 교사는 이때를 잘 이용해야 합니다. 완벽한 답을 주기보다 방향을 잡을 수만 있도록 보충설명을 하고 "소요리문답 n문답에 나온단다. 더 궁금하면 찾아보렴"이라고 말해 주는 것이 개인적으로는 좋다고 생각합니다. 왜냐하면 학생들이 직접 찾아 냄새를 맡고 만져 보고 먹어 보는 것이 유익하기 때문입니다. 물론 직접 찾아보는 과정에서 학생들이 불량식품을 먹을 염려는 전혀 없습니다. 주어진 자료가 성경과 소교리문답뿐인데 어디서 불량식품을 주워 먹겠습니까?

일단 이런 방식으로 1년 가까이 해오고 있습니다. 물론 그 전에는 고등학생들을 대상으로 암기도 해보고, 학기말에 골든벨도 해보았습니다(개인적으로 '단순한' 암기는 권하고 싶지 않더군요. 확인하는 시간이 지나면 학생들, 심지어 교사까지도 머리에서 털어내듯 망각이 찾아오더군요. 제가 말하는 암기가 '단순한' 암기라는 점을 기억해 주세요. 암기도 잘할 수 있는 방법, 예를 들어 노래를 한다든가 하는 건 참신한 방법일 것입니다). 교사에 따라서 사용하는 방법은 다양합니다. 하지만 어떤 방법을 사용하든 학생들이 능동적으로 생각하며 고민할 수 있게 하는 것이 가장 중요합니다.

지금은 계획만 하고 있지만 이 방법과 더불어 하고 싶은 게 또 하나 있습니다. 신앙고백에 대한 역사를 개관적으로나마 듣는 것입니다. 교사인 제가 먼저 경험한 바입니다. 역사를 함께 알았을 때 느껴지는 감사함은 말로 할 수 없더군요. 학생들에게도 마찬가지라고 생각합니다. 시간이 더 주어진다면 학생들과 역사를 통해 현재 공부하고 있는 소교리문답이 얼마나 하나님의 말씀을 사랑하게 하는지, 사랑하는 만큼 어떻게 하나님을 예배하게 하는지를 알고 싶습니다. 그러면 그렇게 알게 된 말씀에 대한 지식이 우리의 삶에 어떻게 구현

되어야 하는지가 더욱 무겁게, 하지만 더욱 즐겁게 다가올 것
이라고 생각합니다.

은혜의동산 기독교학교 과학교사

김병재

WestMinster Shorter Catechism

작성자		학년		날짜	
모둠 사람들					
WMSC문					
WMSC 근거 구절					
구절의 핵심단어					
내가 만든 답					
WMSC답					
생각한 점 or 느낀 점					
다음 질문 예상해 보기					

호랑이 모둠

『신학 공부의 필요성과 중요성』

(『조나단 에드워즈 대표설교선집』에도 다른 좋은 설교들과 함께 실려 있습니다.)

이 문고판 책은 조나단 에드워즈의 설교입니다. 조나단 에드워즈는 히브리서 5장 12절 "때가 오래므로 너희가 마땅히 선생이 될 터인데 너희가 다시 하나님의 말씀의 초보가 무엇인지 누구에게 가르침을 받아야 할 것이니 젖이나 먹고 단단한 식물을 못 먹을 자가 되었도다"는 말씀으로 신학공부의 필요성과 중요성에 대해 말합니다.

먼저 에드워즈는 신학을 정의합니다. 에드워즈에게 신학은 성경에 나타난 하나님에 관해 아는 것입니다. 따라서 에드워즈는 목사와 교수 같은 사람들만이 아니라 모든 성도가 신학을 공부해야 한다고 말합니다. 또 신학 지식 없이는 믿음도 은혜도 사랑도 없으며, 성례도 아무 유익을 줄 수 없다고 역설합니다. 이런 식으로 에드워즈는 히브리서 본문을 철저하게 분석하면서 그 안에 담긴 교리와 교훈을 풍성하게 드러냅니다.

적용 부분으로 가서는 신학 공부가 시간을 가장 유익하고 경건하게 보내는 방법임을 보여 줍니다. 또 현대를 사는 우리가 이전 어느 시대보다 신학 공부를 하기에 좋은 환경에 있음을 말하며 게으르지 말 것을 강조합니다.

마지막으로 신학 공부를 어떻게 할 것인지에 대한 실제적인 지침들을 알려 줍니다.

한 부분을 잠시 보여 드리겠습니다.

둘째, 신학 공부를 하는 것은 여러분의 시간을 가장 고상하게 보내는 방법이 될 것입니다. 베뢰아 사람들이 부지런히 성경을 공부했기 때문에 성령서(사도행전—역주)는 베뢰아 사람들에 대해 이렇게 말합니다. "베뢰아 사람은 데살로니가에 있는 사람보다 더 신사적이어서 간절한 마음으로 말씀을 받고 이것이 그러한가 하여 날마다 성경을 상고하므로"(행 17:11). 이것은 하늘에 있는 존재들이 하는 일과 비슷합니다. 하늘에 있는 자들은 그들의 시간을 대부분 하나님께서 속한 신령한 일을 탐구하며, 그러한 지식을 얻기 위해 보냅니다. 우리는 베드로전서 1장 12절에서 천사들이 하는 일에 대해 "천사들도 살펴보기를 원하는 것"이라는 말을 듣게 됩니다.

여러분이 빛의 천사와 함께 같은 일을 하기 원하듯이, 이것은 여러분이 영원히 하기 원하는 일일 것입니다. 솔로몬은 잠언 25장 2절에서 "일을 살피는 것"이 왕의 일이라고 말합니다. 이것은 분명 다른 무엇보다 하나님의 일을 살피는 것입니다. 만일 하나님의 일을 살피는 것이 왕의 영화라면, 이것은 여러분에게도 더 큰 영광이 아니겠습니까?[1]

더 자세히 말씀드리고 싶지만 64쪽의 얇은 분량이기도 하고, 제가 여기서 더 말씀드리는 것은 이 책의 가치를 떨어뜨릴 수 있겠다는 생각이 듭니다.

---

1) 조나단 에드워즈, 『신학 공부의 필요성과 중요성』, 백금산 옮김 (서울: 부흥과개혁사, 2004), pp. 54-55.

독자 여러분께서 직접 확인해 보시기를 권해 드립니다.

저는 이 책을 처음 접한 이후 매년 한두 번씩 읽어 오고 있습니다. 이 책은 일반 성도인 제가 적당히 알면 됐지 하는 생각을 교정해 주었습니다. 모든 성도가 계속해서 하나님 아는 지식에서 자라 가야 한다는 것을 보여 준 이 책을 따라서 저는 다른 사람들에게 내세울 것 없는 부족한 수준이지만 꾸준히 공부하고 있습니다. 저는 성경을 읽고 그 안에 담긴 하나님에 대한 지식들을 공부하면서 정말로 하나님께서는 하나님의 백성이 하나님을 잘 알기를 원하시고, 또 하나님의 뜻을 잘 알아서 그 뜻대로 사는 것을 기뻐하신다는 사실을 시간이 흐를수록 더 배우고 있습니다. 저는 말씀에 대한 공부가 정말로 시간을 가장 경건하고 즐겁게 보내는 것임을 경험하고 있습니다. 정말 성경에 대한 지식이 신앙생활에 기본이요 필수라는 것을 더 많이 깨달아 가고 있습니다.

저는 이 행복이 크고 감사해서 기회가 될 때마다 이 작은 책자를 자주 선물합니다. 함께 누리고 싶고, 함께 자라 가고 싶어서 말입니다.

독자 여러분께서도 이 책이나 다른 비슷한 책을 가까이 두서서 자주 힘을 얻으시고, 위로도 받으셨으면 좋겠습니다.

송영을 위한 독서

펴 낸 날 2015년 11월 1일 초판 1쇄

지 은 이 한재술

펴 낸 이 한재술
펴 낸 곳 그 책의 사람들

편　　집 서금옥
디 자 인 참디자인

판　　권 ⓒ 한재술, **그책의 사람들** 2015, *Printed in Korea*.
저작권법에 의하여 한국 내에서 보호를 받는 저작물이므로 무단 전재와 복제를 금합니다.

주　　소 경기도 수원시 권선구 여기산로 42, 101동 313호
전　　화 0505－273－1710　　　　**팩　　스**　0505－299－1710
카　　페 cafe.naver.com/thepeopleofthebook
메　　일 tpotbook@naver.com　**페이스북**　www.facebook.com/tpotbook
등　　록 2011년 7월 18일 (제251－2011－44호)
인　　쇄 불꽃피앤피

책　　값 8,000원
I S B N 979－11－85248－14－1　03230

이 도서의 국립중앙도서관 출판시도서목록(CIP)은
서지정보유통지원시스템 홈페이지(http://seoji.nl.go.kr)와
국가자료공동목록시스템(http://www.nl.go.kr/kolisnet)에서 이용하실 수 있습니다.
(CIP제어번호: CIP2015029046)